W0395517

ars vivendi

Originalausgabe

Erste Auflage 2005
© 2005 by ars vivendi verlag
GmbH & Co. KG, Cadolzburg
Alle Rechte vorbehalten
www.arsvivendi.com

Lektorat: Sabine Cramer
Umschlaggestaltung: Armin Stingl, Fürth, in Anlehnung an ein Plakat von Milton Glaser aus dem Jahr 1972
Typografie und Ausstattung: Gesine Schobbert
Druck: Freiburger Graphische Betriebe
Printed in Germany

ISBN 3-89716-698-4

Helmut Haberkamm
Ka Weiber, ka Gschrei

Song-Klassiker auf fränkisch

ars vivendi

Inhalt

Vorwort 11

I. Ka Weiber, ka Gschrei

Wenni a gscheids Mannsbild wär 16
Mei weißn Schuh 17
Geils Ding 19
Wall doo woori jung 20
Oh Cecilia! 21
Merzedes Benz 22
Buona sera, Signorina, buona sera 23
Ring aus Feier 24
Ich griegs net, wossi meecherd 26
Herzschmerz-Hotel 28
Hey Joe 30
Mei Schwaaß und mei Schieß 31
Bevorsd widder losgehsd auf mich, schausdi selber amoll oo 32
Is Haus vo dera haaßn Sunna 33
Der greßd Bedriecher 34
Ich bin der Lutscher-Gnutscher-Gribbl 35
Immer bloß des Akkordeon gspield 37
Laßmi net allaans 39
Der Mond ieber der Goethestraß 42
Wie a Steech ieberm diefn Wasser 44
Unner Haus 46
Ka Weiber, ka Gschrei 47

II. Dem Bob Dylan sei Songs

Es kumma ball ganz annera Zeidn 50
Mid Godd auf unnera Seidn 52
A archer Reeng werd nu roofalln auf uns 55
Bloß so a Benner 58
Des lichd etz alles hinder dir, dummer Buu 60

Sie kerd etz zu mir 62
Wär die Zukunfd ka so a langa Zeid net 63
Liem hooch zwaa, null Abstrich 64
Hängdi net noo, des is okee 65
So wie a Fraa hald 67
Aamer voll Reeng 69
Nämmer vernanner 70
Hochzerdslied 71
So allaa wie a Staa 73
Hey, alder Gidarrnspiller 76
Wu ich frei sei werr 79
Drauri drauf und daun 80
A Sach fier mich 83
Dunkla Aung 86
Dunkl is zwoor nunni ganz 87
Ich glopf etz an die Himmelsdier 89
Der Dood is net is End 90

III. Fodd ieberm großn Wasser

Ich und die Giddi vo Brugg 94
Im Bohnhofs-Hotel 96
Du missersd etz doo sei 98
Die Rosn 100
Zeid innam Fläschla 101
Wennerdi needi hädd 102
Hammwärds fohrn 103
Bloß weecher denna drei Dooch 105
Es gibbd a Bedd 107
Dei kalds, kalds Herz 109
An seggsseidichn Brief 110
Fodd ieberm großn Wasser 112
Fodd 114
Kumm geh und grieß mei Maadla 116
Die Rosn ausm Grund 118
Summerdooch in Franken 120

IV. Scheena Gschichdn

Ich bin a Buu 126
Im Summer mein Blues 127
Ka Riggzuuch und ka Aufgeem 129
Gebrauchda Audo 131
Erndedankfesddooch 132
Meim Vadder sei Haus 134
Streifenbollizisd 136
Ooschaua därfsders, obber oolanga därfsders net 138
Wenni sibbzich bin 140
Elfriede Rickert 142
Mid sibbzer 144
All zwaa Seidn 145
Der Hund in der Pfanna 147
Blassdiggblumma 149
A Dribb aufm heißn Eisn 150
Mei Rogg 'n' Roll-Bänd 152
Lang scho her, seiddeemi foddzoong bin 154
Ich bin ka Mensch, wu noochläffd 156
Die Gschichd vo der Sigi Jordan 158
Weh 160
Nix dudd etz bassiern 161
Ignatz Herz 163

V. Songs, wummer wos song

Drund an der Aasch 166
Frollein Rosa 168
Die wildn Johr vom Fränkie 170
Ja, wen sehng na mei driem Glubschaung doo? 172
Is Haisla draußn am See 174
Naufkaud haddsmi, haumi nauf 177

VI. Lauder so Lieder

Der Driefel Joe und sei Lasdzuuch Nullkommanix 180
Ich hogg bloß doo rum 184

Summer Neinasibbzich	186
A Dooch im Juni	188
Wunderboor heid nachd	190
Fluß	191
Sie is immer aa die Fraa hald fier mich	193
Bisdmer nu bees	195
Mancha Leid sinn net menschli	196
An am ganz annern Ord	198
Zwischer die Zaaln	200
Goor nix kummd noo an dich	203
A Schlooch ins kald Wasser	205
Ich bin so einsam, dassi grein	207
Hinder der Wänd	208
Rumzuuchmudder	209
Die Franzi und ihr Albert	210
Zwaa Soldoodn	212
Wenni sterb	213
Dräna im Himml	214
Die Nachd um die Ohrn	215
Ich hobbs fei gmechd, die seddn Dooch	216
Register der Originaltexte	219

Vorwort

Well, we busted out of class
Had to get away from those fools
We learned more from a three minute record
Than we ever learned in school.

Bruce Springsteen, *No Surrender*

Songs sind für mich immer so etwas wie gute Freunde gewesen, alte Bekannte, unvergeßliche Kumpel, anhänglich, verläßlich, lästig, so als wären sie über Blutsbande ewig mit mir verbunden. Wie die meisten meiner Generation bin ich nicht durch Volksmusik und Schlager geprägt worden, sondern durch englische und amerikanische Lieder, die uns anfallartig ins Tanzen und Träumen, ins Schwärmen und Schmusen versetzt haben.

Viele dieser Popsongs sind angenehm im Ohr, aber nicht weiter der Rede wert. Manche jedoch haben nicht nur unsere Haut, sondern auch unser Herz und unser Hirn berührt, sie haben ihre Spuren hinterlassen in unserer Seele und in unserem Gedächtnis. Ja, sie markieren Einschnitte in unserem Leben, Schlüsselmomente, wahrhafte Offenbarungen. Das klingt übertrieben, aber wenn man bedenkt, wie wenig im Bewußtsein geblieben ist von den langen Schuljahren, dann merkt man erst, wie erstaunlich gegenwärtig und wirkungsmächtig im Gegensatz dazu so viele der Songs geblieben sind, die man damals gehört hat. Einige Takte, Klänge und Worte genügen und es durchfährt uns ein Wonneschauer, ein Glücksgefühl.

Etliche dieser Lieder besitzen eine ganz eigene Tiefe und Poesie. Diese Sprachgestalt in meiner Muttersprache nachzubilden, also sich das Fremde so anzuverwandeln, daß die Vorlage darin aufgehoben ist und gleichzeitig in unserer Mundart zu etwas vollkommen Fränkischem wird, das war stets mein Anliegen. Damit es so wird, wie es immer war: Das Fremde wird zum Eigenen, damit das Eigene feiner, reicher und vitaler wird.

Dieses Buch präsentiert die fränkischen Versionen der Lieder aus dem Theaterstück *No Woman, No Cry – Ka Weiber, ka Gschrei* und dem Song-Programm *Fodd ieberm großn Wasser,* bei dem der Liedermacher Johann Müller viele dieser Dialekttexte originalgetreu singt und spielt. Ein Schwerpunkt liegt auf den sprachlich dichten, vielschichtigen und packenden Songs von Bob Dylan, mit dem sich die Popmusik in eine neuartige und seriöse Kunstform verwandelte. Insgesamt sind hier einhundert neue, bislang unveröffentlichte Übertragungen versammelt, und dazu elf bereits in früheren, zum Teil vergriffenen Gedichtbänden enthaltene Bonus-Texte. Allesamt *Songs, wummer wos soong.*

Fast alle Übertragungen sind darauf angelegt, daß man die Lieder gut singen kann, einige wenige sind auch freiere Bearbeitungen, die der Stimmung und Aussage der Vorlage auf eigenständige Weise gerecht zu werden versuchen. Schön wäre es, wenn der fränkische Text als Gedicht ganz allein für sich stehen könnte, wenn er seinen fränkischen Geist entfalten würde, ohne daß man die Vorlage braucht oder vermißt. Eines aber ist die fränkische Übertragung immer – eine respektvolle und dankbare Verbeugung vor dem Werk eines anderen Künstlers.

Lauder so Lieder hald – aber in unserer Sprache, mit unseren Geschichten, voll von unserem Leben.

Helmut Haberkamm

I. Ka Weiber, ka Gschrei

Wenni a gscheids Mannsbild wär

Wenni a gscheids Mannsbild wär
Und du a feina Läidy
Wärmer na a bessers Boor
Häddmer na a Bäiby?

Wenni a richdicher Ridder wär
Und du a feina Dame
Wärmer na des ideoole Boor
So wie in der Reglaame?

Ich hobb gmaand, des is mei Leem
Du bisd exdra fier mich kumma
Ich hobb dir fasd alles geem
Du hasd mir alles gnumma ...

Wenni net bloß a Männla wär
Und ka sedda Flaschn
Schauerds na vill besser aus
Häddi wos Gscheids in der Daschn?

Wenni a richdigs Mannsbild wär
Und du a scharfa Schneggn
Wärmer na a schenners Boor
Wärs na a Zuggerschleggn?

Ich hobb gmaand, des is mei Leem
Du bisd exdra fier mich kumma
Ich hobb dir fasd alles geem
Du hasd mir alles gnumma ...

Mei weißn Schuh

Hobb, Leid, baggmers, seider bereid?
Auf die Blätze, ferdich – haumer gscheid nei!
Obber gwaatschmer bloß net auf mei weißn Schuh!
Alles ismer worschd, obber gwaatschmer bloß net
auf mei weißn Schuh!

Du kannsd mei Auto gnaggn und mei Maadla baggn
Kannsd mei Gidarrn zu Gleinholz zerhaggn
Alles meegliche kannsd du –
Obber gwaatschmer bloß net auf mei weißn Schuh!
Alles ismer worschd, obber gwaatschmer bloß net
auf mei weißn Schuh!

Obber gwaatschmer bloß net auf mei weißn Schuh!
Alles ismer worschd, obber gwaatschmer bloß net
auf mei weißn Schuh!

Schuh, Schuh, die weißn Schuh
Schuh, Schuh, die weißn Schuh
Schuh, Schuh, die weißn Schuh
Alles meegliche kannsd du
Obber gwaatschmer bloß net auf mei weißn Schuh!

Kumm hald, schloochmi zamm, schmaaßmi in
Dregg!
Kumm, draggdiermi, dassi fasd fregg!
Alles meegliche kannsd du –
Obber gwaatschmer bloß net auf mei weißn Schuh!
Alles ismer worschd, obber gwaatschmer bloß net
auf mei weißn Schuh!

Obber gwaatschmer bloß net auf mei weißn Schuh!
Alles ismer worschd, obber gwaatschmer bloß net
auf mei weißn Schuh!

Schuh, Schuh, die weißn Schuh
Schuh, Schuh, die weißn Schuh
Schuh, Schuh, die weißn Schuh
Alles meegliche kannsd du
Obber gwaatschmer bloß net auf mei weißn Schuh!

Geils Ding

Geils Ding
Du bringsd mei Herz auf die Spring
Doo wäggsd fei mei Ding, Luder
Geils Ding

Geils Ding
Ich glaab, ich mooch dich
Obber etz willerdi haudnoh spiern
Drum kumm etz und driggmi gscheid

Geils Ding
Du bringsd mei Herz auf die Spring
Doo wäggsd fei mei Ding, Luder
Geils Ding

Geils Ding
Ich glaab, du schaffsd mich
Obber etz willerdi haudnoh spiern
Drum kumm etz und driggmi gscheid
Du schaffsd mich

Geils Ding
Du bringsd mei Herz auf die Spring
Doo wäggsd fei mei Ding, Luder
Geils Ding

Kumm etz, kumm etz
Geils Ding
Maggsmer, zeigsmer
Geils Ding

Wall doo woori jung

Die Zimmer woorn doomools so glaa und so kald
Mei Vadder haddmer all Dooch aana gnalld
Ich woor a derra, bigglharda Gstald
Wall doo woori jung
Wall doo woori jung

Mei erschde Kibbm hobbi grauchd mid achd
Hobb Weiber stribbm sehng in der Nachd
Hobb ieber alla Leid bloß glachd
Wall doo woori jung
Wall doo woori jung

Wurri jung woor, woor die Gaudi so wichdi
Die Schmerzn woorn ärcher, und is Lachn vill
lauder!
Fraali, doo woormer jung
Doo woormer jung

Ich hobb mei erschda Freindin kabbd mid dreizer
Sie woor a Schnalln und ich a gscheider Spreizer
Heid nu machi doo drei Greizle
Wall doo woori jung
Doo woori jung

Allmächd, ich hobb glabbd an die Gerechdichkeid!
Ich hobb nu Verdraua kabbd in annera Leid!
Ich woor saustarg und wunner wie gscheid!
Wall doo woori jung
Doo woori jung
Doo woori jung

Oh Cecilia!

Cecilia, du briggsdmer mei Herz
Du bringsdmi nu um, ja no fraali!
Oh Cecilia, ich griech auf mei Gnie
Ich beddl wie bleed: Kumm etz hamm!

Cecilia, du briggsdmer mei Herz
Du bringsdmi nu um, ja no fraali!
Oh Cecilia, ich griech auf mei Gnie
Ich beddl wie bleed: Kumm etz hamm!
Kumm hald hamm!

Rumleeng im Bedd, middn am Dooch, midder Cecilia
Droom in der Schloofstumm dämmer uns liem
Ich steh auf und waschmer is Gsichd
Wirri na nookumm ans Bedd
Siechi, daß scho a annerer drin lichd!

Cecilia, du briggsdmer mei Herz
Du bringsdmi nu um, ja no fraali!
Oh Cecilia, ich griech auf mei Gnie
Ich beddl wie bleed: Kumm etz hamm!

Cecilia, du briggsdmer mei Herz
Du bringsdmi nu um, ja no fraali!
Oh Cecilia, ich griech auf mei Gnie
Ich beddl wie bleed: Kumm etz hamm!
Kumm hald hamm!

Halleluja! Sie is widder doo!
Ich lach wie verriggd und ich freimi!
Halleluja! Sie is widder doo!
Ich lach wie verriggd und ich freimi!

Merzedes Benz

Ach Godd, worum griechin kann Merzedes Benz?
Mei Nachbern fohrn an Borsche, mer sichd, die verstenns.
Ich hobb gärwerd all mei Lebdooch, kann Dooch an fauln Lenz.
Ach Godd, worum griechin kann Merzedes Benz?

Ach Godd, worum griechin ka neis Fernsehgeräd?
Fier a scheena Bescherung is doch niemools zu späd.
Ich bin fei ka Unmensch, wu so a Gschenkla verschmähd.
Ach Godd, worum griechin ka neis Fernsehgeräd?

Ach Godd, worum zohlsdn net a boor Rundn heid Nachd?
Ich verlaßmi fei auf dich, ich hobbder doch nix gmachd!
Zeich, daßdmi gern hasd! Laßmer die Sau raus, daß grachd!
Ach Godd, worum zohlsdn net a boor Rundn heid Nachd?

Ach Godd, worum griechin kann Merzedes Benz?
Mei Nachbern fohrn an Borsche, mer sichd, die verstenns.
Ich hobb gärwerd all mei Lebdooch, kann Dooch an fauln Lenz.
Ach Godd, worum griechin kann Merzedes Benz?

Buona sera, Signorina, buona sera

Buona sera, Signorina, buona sera!
Etz werds Zeid, daßmer fodd genn vo Neabl
Etz werds Zeid fier uns zum Beddgang, buona sera
Heer auf mid deim Meer und dem Mond und deim Gebabbl

Morng frieh na, Signorina, sehngmer weider
Na scheind die Sunna und die Hitz werd immer schlimmer
Dord in dem Graffl-Schobb, doo schaumer nooch die Dinger
Na kaaferder so an billin, kitschin Ring noo an dein Finger

Des machi alles, daßders sehng dusd: Ja, ich moochdi
Buona sera, Signorina! Gschmarri, gudd Nachd!

Ring aus Feier

Liem is a haaßa Woor
Und des verbrenndi ganzergoor
Scharf wie a hooserwilder Geier
So woori drin in am Ring aus Feier

Ich woor drin in am brennerdn Ring aus Feier
Middn drin, drin, drin
In die Flamma drin am Schreia
Und des brennd, brennd, brennd
Der Ring aus Feier, ja, der Ring aus Feier

Der Gschmagg vom Liem, der is schee
Jeeds Word, des schmeggd wie a Filee
Ich woor verriggd nooch dir wie a glanns Kind
Obber vorbei woor alles goor so gschwind!

Ich woor drin in am brennerdn Ring aus Feier
Middn drin, drin, drin
In die Flamma drin am Schreia
Und des brennd, brennd, brennd
Der Ring aus Feier, ja, der Ring aus Feier

Liem is a haaßa Woor
Und des verbrenndi ganzergoor
Scharf wie a hooserwilder Geier
So woori drin in am Ring aus Feier

Ich woor drin in am brennerdn Ring aus Feier
Middn drin, drin, drin
In die Flamma drin am Schreia
Und des brennd, brennd, brennd
Der Ring aus Feier, ja, der Ring aus Feier

Ich woor drin in am brennerdn Ring aus Feier
Middn drin, drin, drin
In die Flamma drin am Schreia
Und des brennd, brennd, brennd
Der Ring aus Feier, ja, der Ring aus Feier

Ich griegs net, wossi meecherd

Wall ich griegs net
Wossi meecherd
Naa ich griegs net
Wossi meecherd
Obwollis brobier und brobier und brobier und brobier
Obber ich griegs net
Naa ich griegs net

Wenni rumfohr in meim Karrn
Und der Kaschber im Radio derzälld sein Schmarrn
Und der soßdmi voll, dodool exdreem
Ieber ergnd so a saubleeds Bseudo-Brobleem
Wu wohrscheins subber wichdi wär fier mei Leem

Naa, ich griegs net
Mensch! Naa, naa, naa
Hey, doo braugsd froong!
Hey, ich kann eich soong!

Wall ich griegs net
Wossi meecherd
Naa ich griegs net
Wossi meecherd
Obwollis brobier und brobier und brobier und brobier
Obber ich griegs net
Naa ich griegs net

Wenni Fernseh schau derhamm
Und so a Kaschber kummd na aufm Brogramm
Und sochdmer, wie weiß ich mei Wäsch amoll griech
Obber der Doldi is goor ka richdicher Mann
Wall der rauchd a ganz annersch Graud wie ich

Naa ich griegs net
Mensch! Naa, naa, naa
Hey, doo braugsd froong!
Hey, ich kann eich soong!

Horch, ich griegs net
Wossi meecherd
Naa ich griegs net
Ka Fraa, wurri greecherd
Obwollis brobier und brobier und brobier und brobier
Obber ich griegs net
Naa ich griegs net

Wenni rumfliech auf der ganzn Weld
Und mach mei Woor und ich griech mei Geld
Und ich schau, obmer wu a Schneggn gfälld
Und die sächd na: »Heid gehd nix, vielleichd
näggsda Wochn?«
Siggsders na? Ich griech nix wie an aldn Gnochn!

Naa ich griegs net
Mensch! Naa, naa, naa
Hey, doo braugsd froong!
Hey, ich kann eich soong!

Naa ich griegs net
Naa ich griegs net
Naa ich griegs net
Wossi meecherd
Net wossi meecherd
Net wossi meecherd
Net wossi meecherd

Herzschmerz-Hotel

Seid mei Freindin fodd is
Hobbi an Ord, wurri wohn
Drundn am End vodder Einsam-Straß
Im Herzschmerz-Hotel

Ich fiehlmi so einsam, glabbsders
Fiehlmi so einsam, glabbsders
Fiehlmi so einsam, glabbsders
Ich kennerd sterm

Obwolls dord immer rabblvoll is
Griggsd dord jederzeid nu an Blatz
Jeder middam brochna Herzn
Därf dord greina um sein Schatz

Ich fiehlmi so einsam, glabbsders
Fiehlmi so einsam, glabbsders
Fiehlmi so einsam, glabbsders
Ich kennerd sterm

Der Baasche greind und drauerd
Der Bordjee drächd schwarz an dem Ord
Alla sinns so lang scho doo in der Einsam-Straß
Die genna nie mehr fodd

Die fiehlnsi so einsam, glabbsders
Fiehlnsi so einsam, glabbsders
Fiehlnsi so einsam, glabbsders
Die meecherdn sterm

Drum wenndi aana hoggn läßd
Und du meechersd dei Gschichd derzälln
Na laaf hald noo in die Einsam-Straß
Zum Herzschmerz-Hotel

Dord fiehlsdi nacherd so einsam
Dord fiehlsdi nacherd so einsam
Dord fiehlsdi nacherd so einsam
Doo meechersd sterm

Hey Joe

Hey Joe, wu gehsdn na hie mid dem Gwehr in deina Händ?
Hey Joe, sooch amoll, wu gehsdn hie mid dem Gwehr in deina Händ?

Doo sachder: »Ich geh etz nunder und derschieß mei Helga.
Ich geh etz nunder und na machi mid dera ganzn Sach a End.
Ich hobbs derwischd, wissersi rumdriem hadd mid dem annern Kerl.
Wall waßd, ich hobbsi drundn derwischd mid dem annern Kerl.«

Hey Joe, mä hadd keerd, du häsd dei Helga derschossn?
Hey Joe, mä heerd, du häsdsi derschossn weecher an annern Kerl?

»Fraali, ich hobbs derschossn, wallsersi eiglassn hadd mid dem annern Kund.
Glaamers, ich hobbsi derwischd, des Luder haddsi rumdriem mid dem Hund!
Doo hobbis wechbutzn missn.
Doo hobbis wechraama missn.«

Wu gehsdn na etz hie, sooch?
Versteggsdi woll und verdriggsdi aus dera Geengd?
Hey Joe, wu gehsdn na etz hie?
Versteggsdi und verdriggsdi aus dera Geengd?

»Ich bin aufm Sprung noo zum Meer
Wummi kanner suuchd und wus net reengd.
Ich bin aufm Sprung noo zum Meer
Wummi kanns find und wus net reengd.«

Mei Schwaaß und mei Schieß

Ich bin ka Domm Gruus und ka Ritscherd Gier
Ich bin ka Brädd Bidd und aa ka Bjeer Bries
Ich bin bloß der Moo, der wu aufwachd neeber dir
Und du riegsd hald mein Schwaaß und mei Schieß

Mei Fraa, die sachd: Ich muffl!
Mei Fraa, die sachd: Ich riech!
Sie sachd, ich bin a Stoffl
Ich schnarch nachds wie a Viech

Sie sachd, ihr stingd mei Aussehng
Mei Gsichd, mei Glatzn, mei Bauch.
Sie sachd, ich hobb kann Gschmagg
Ich stellmi zamm wie die Sau

Ich bin ka Domm Gruus und ka Ritscherd Gier
Ich bin ka Brädd Bidd und aa ka Bjeer Bries
Ich bin bloß der Moo, der wu aufwachd neeber dir
Und du riegsd hald mein Schwaaß und mei Schieß

Ich gibbs ja zu: Ich schwächl
Ganz leer is mei Baddrie
Jeeds Zibberla derschlächdmi
Ich bin scho halmi hie

Mei Fraa, die sachd, ich Flaschn
Mid mir is nix mehr los
Obber hädd ich nix in der Daschn
Na wär der Jammer groß

Ich bin ka Domm Gruus und ka Ritscherd Gier
Ich bin ka Brädd Bidd und aa ka Bjeer Bries
Ich bin bloß der Moo, der wu aufwachd neeber dir
Und du riegsd hald mein Schwaaß und mei Schieß

Bevorsd widder losgehsd auf mich, schausdi selber amoll oo

Bevorsd widder losgehsd auf mich
Schausdi selber amoll oo!
Bevorsd widder losgehsd auf mich
Schausdi selber amoll oo!
Du hasdmi halmi wahnsinni gmachd
Heid binni bloß nu a halber Moo.

Ich hobb oogruufn bei deina Mudder
Wolldi froong weecher am Rondewuu
Ich hobb oogruufn bei deina Mudder
Wolldi froong weecher am Rondewuu
Doo fauchdsmi oo, der alde Schrubber:
Laßmer bloß mei Dochder in Ruh!

Bevorsd widder losgehsd auf mich
Schausdi selber amoll oo!
Bevorsd widder losgehsd auf mich
Schausdi selber amoll oo!
Du hasdmi halmi wahnsinni gmachd
Heid binni bloß nu a halber Moo.

Kumm hald widder hamm, mei Kätzla
Brobiermers hald nummoll, mir zwaa!
Kumm hald widder hamm, mei Schätzla
Brobiermers nummoll, mir zwaa!
Ich bin doch fier dich dei Daalisman
Du bisd fier mich die dodaale Fraa.

Bevorsd widder losgehsd auf mich
Schausdi selber amoll oo!
Bevorsd widder losgehsd auf mich
Schausdi selber amoll oo!
Du hasdmi halmi wahnsinni gmachd
Heid binni bloß nu a halber Moo.

Is Haus vo dera haaßn Sunna

Doo gibbds a Haus in Wendlstaa
Des haßd is »Haus vo dera haaßn Sunna«
Und des is scho is End worn vo arch vill
  Mannsbilder drinna
Allmächd naa! Ich waaß scho, vo mir fei aa

Mei Mudder woor a Schneideri
A fleißia, aafäldia Fraa
Mei Vadder hadd um Geld gspield und gsuffm
  hadder aa
Dord drund in Wendlstaa

Und des aanzi Drumm, des wu a sedder hadd
Des is a Koffer, und a Maul voller Sprich
Und des aanziche, wu a sedder meecherd
Is a Rausch und a gscheider Stich

Ich soogs eich: Sochds fei eier Kinner!
Ich hobb mei Schiggsool gsuuchd und gfunna
Mei ganz Leem voller Schuld und Liederlichkeid
In dem Haus vo dera haaßn Sunna

Etz hobbi aan Fuß nu aufm Boodn
Der anner Fuß stehd scho im Zuuch.
Ich fohr etz widder nunder nooch Wendlstaa
Und mei Dooch vergenna wie im Fluuch

Doo gibbds a Haus in Wendlstaa
Des haßd is »Haus vo dera haaßn Sunna«
Und des woor scho is End vo arch vill Mannsbilder
  drinna
Allmächd naa! Ich waaß scho, vo mir fei aa

Der greßd Bedriecher

Allmächd, ich bin der greßd Bedriecher
Ich bedriech alla Leid, wissis braung
Ich bin negganz gscheid, ich bedriech alla Leid
Alla Leid, wummi meeng und wu wos daung

Allmächd, ich bin der greßd Bedriecher
Ich bin so allaa in meina Weld
Ich dreib bloß mei Spill, wall ich des so will
Ich bin so allaa, wallmer nix gfälld

So dief is mei Drieb, walli alla beliech
So dief is mei Gfiehl, bloß mei Herz grichd an Stiech

Allmächd, ich bin der greßd Bedriecher
Ich du so, als gennerdsmer guud
Des sichd bloß so aus, wall es schaud hald nix raus
Ich drooch mein Stolz wie an Huud
Ich du so, als wärsdmer nu guud

Ich bin der Lutscher-Gnutscher-Gribbl

Meina Mudder is broffezeid worn
Vor meina Gebord:
Du wersd an Drumm Buum greeng
Wu a daamischer Fregger werd
Der dudd die Weiber flachleeng
Der machdsi haaß und machdsi kald
A jeeda kanner rumgreeng
Jeeda hadder in seina Gwald

Ja, alla wissn, weeri bin
Wissn, wos fier aaner dassi bin
Ich bin der Lutscher-Gnutscher-Gribbl
Ich bin der Lutscher-Gnutscher-Gribbl
Die Weiber wissn, weeri bin

Ich hobb a schwarza Karre
A Modoorrood hobbi aa
Ich hobb a schnella Gnarre
Die Griffl voller Edelstaa
An jeedn Finger hobbi aana
Wennsmi sehng, na dennsi flenna
Nimmdi bloß in achd vor mir
Sunsd lernsd mich Gribbl kenna!

Ja, alla wissn, weeri bin
Wissn, wos fier aaner dassi bin
Ich bin der Lutscher-Gnutscher-Gribbl
Ich bin der Lutscher-Gnutscher-Gribbl
Die Weiber wissn, weeri bin

Letzdes Johr im sibbdn Moonerd
Genau am sibbdn Dooch
Doo hadd so a Doldi zummer gsochd:
Ich glaab, du hasd an Schlooch!

Dem Kerl, dem hobbis hammzolld!
Der Fuzzi is heid elend droo.
Drum baßner auf, wosd soong dusd
Leechdi bloß mid mir Gribbl net oo!

Ja, alla wissn, weeri bin
Wissn, wos fier aaner dassi bin
Ich bin der Lutscher-Gnutscher-Gribbl
Ich bin der Lutscher-Gnutscher-Gribbl
Die Weiber wissn, weeri bin

Immer bloß des Akkordeon gspield

Die annern hamm die Sau rausglassn
Hamm doobd und an Scheiß gebaud
Hamm die Weld auf die Hörner gnumma
Und gscheid auf die Baugn kaud.
Bei mir woor alles ganz normool
Alles immer bloß halb so wild.
Nu nie hobb ich in Doon ongeem
Ich hobb immer bloß des Akkordeon gspield.

Ich hobb die ganzn Broggn gschluggd
Die Hoor in meina Subbm.
Ich hobb doo nie mei Maul aufgmachd
Ich woor alls bloß am Schluggn.

Wie ich dich doomools droffn hobb
Hobbi gspierd: Etz scheind die Sunna!
Ich machmer lauder Vorwürf heid
Des Kind lichd ganz drund im Brunna.

Die annern hamm die Sau rausglassn
Hamm doobd und an Scheiß gebaud
Hamm die Weld auf die Hörner gnumma
Und gscheid auf die Baugn kaud.
Bei mir woor alles ganz normool
Alles immer bloß halb so wild.
Nu nie hobb ich in Doon ongeem
Ich hobb immer bloß des Akkordeon gspield.

Du hasd mir gsochd: Du hasd an Gnax!
Du moggsdmi bloß, wenni fodd bin!
Du hasd mir gsochd: Ich bin dir worschd!
Dir gfällds net, wemmer zamm sinn!

Ich hädd nie dengd, daß des so weid kummd
Daß gehd wie bei meim Vadder
Daß in mir alles doobd und brennd
Und ich schweich bloß ganz verdadderd.

Die annern hamm die Sau rausglassn
Hamm doobd und an Scheiß gebaud
Hamm die Weld auf die Hörner gnumma
Und gscheid auf die Baugn kaud.
Bei mir woor alles ganz normool
Alles immer bloß halb so wild.
Nu nie hobb ich in Doon ongeem
Ich hobb immer bloß des Akkordeon gspield.

Laßmi net allaans

Kumm, geh net fodd.
Mir missn vergessn
Des alles vergessn
Wos zwischer uns woor
Mer därf net droo denkn
An die falschn Versprechn
Unner eewigs Verletzn
Des kemmer uns schenkn
All die beschissna Stundn
Mid die Froong »Worum?«
Die eewich aldn Wundn
Die ganz Verbidderung
Laßmi net allaans
Laßmi net allaans
Laßmi net allaans
Laßmi net allaans

Ich meecherder alles geem
An Reichduum und a Gligg
A ganz annersch Leem
Wus ka Dräna mehr gibbd
Ich suuchder des Reich
Wu die Lusd aan schier frißd
Wu du die Könichin bisd
Und des Land sichd dir gleich
Ich durchfliecherd die Weld
Bissi grumm wär und gstorm
Bissis finnerd, des Gold
Daßd an Schatz hasd in dei Arm
Laßmi net allaans
Laßmi net allaans
Laßmi net allaans
Laßmi net allaans

Kumm, geh net fodd
Ich holl mein Zauberhuud
Na soochi a Zauberword
Und na is alles guud
Ich derzällder die Gschichd
Vo dem Könich, wu gloochd
Waller ka Fraa grichd wie dich
Die wunna sei Ängsd all verjoochd
Ich derzällder die Gschichd
Vo dem Liebesboor
Denna wus is Herz zerbrichd
Wall ihr Seeln ausbrennd woor
Laßmi net allaans
Laßmi net allaans
Laßmi net allaans
Laßmi net allaans

Des kummd immer widder vor
Daß a Feier widder brennd
Des wu scho ausglöschd woor
Wall so a Feier kanner kennd.
Manchmoll maana die Leid
Daß die Sunna alles verbrennd
Und na kummd Fruchdboorkeid
Und filld allna die Händ
Und kummd na die Nachd
Wenn der Himml hell brennd
Hadd kanner mehr die Machd
Dasser Rood und Schwarz drennd
Laßmi net allaans
Laßmi net allaans
Laßmi net allaans
Laßmi net allaans

Kumm, geh net fodd
Ich werr nämmer greina
Ich schmarr nämmer dumm rum
Ich hoggmi in die Eggn
Und schaudi on, ganz stumm
Ich horch und ich staun
Wiesd danzd und wiesd laggsd
Wiesdmi dretzd, wiesdmi baggsd
Wiesdmi waach und winzi maggsd
Kumm, laßmi nix weider sei
Wie a Schaddn an der Wänd
Wie der Schaddn vo deina Händ
Bloß der Schaddn vo deim Hund
Laßmi net allaans
Laßmi net allaans
Laßmi net allaans
Laßmi net allaans

Der Mond ieber der Goethestraß

Doo stehd der Mond ieber der Goethestraß heid nachd
Ich siech Gsichder doo im Lichd, heer an Mensch, wu dreggi lachd
Ich kann nix derfier, etz dreibdsmi einfach doo naus
Die helln Lichder und die Leid, und der Mond ieberm Haus
Ich beed jeedn Dooch: Godd, gibbmer Grafd!
Obber bis etz hadd des nu kanner bei mir gschaffd

Oh, du siggsders nie, mei Gsichd, du heersd net mei Fieß auf der Gass
Wall heid stehd der Mond ieber der Goethestraß

Es is Johre scho her, wiesmi doomools alla ausglachd hamm
Mich hamms ins Leem neigschmissn, wie a unschuldigs Lamm
Etz zeichi kann mehr mei Gsichd so underm Dooch
Mer sichdmi bloß nu nachds rumschleing, jeder hadd hald sein Schlooch
Im Schaddn vo meim Huud doo steggn mei Aung, wie bei die Viecher
Ich hobb des Gsichd vonnam Sinder, obber die Händ vonnam Briesder

Oh, du siggsders nie, mei Gsichd, du heersd net mei Fieß auf der Gass
Wall heid stehd der Mond ieber der Goethestraß

Sie läffd jeedn Dooch durch die Straßn vo dera Stadd
Sie is unschuldi und jung, aus ana Familie, wu alles hadd

Ich woor scho dausnd Moll nachds vor ihrm Fensder gstanna
Ich hobb kämpfd mid meim Drieb, woor des Fleisch in der Pfanna
Wie kann denn des bloß sei? Ich beed doch wie ums Verreggn!
Ich muß liem, wossi hie mach; und wosmer gfälld, des blabbd auf der Streggn

Oh, du siggsders nie, mei Gsichd, du heersd net mei Fieß auf der Gass
Wall heid stehd der Mond ieber der Goethestraß

Wie a Steech ieberm diefn Wasser

Wennsd arch mied bisd
So ganz derschloong
Wennsd Dräna hasd im Auch
Na schenk ich dir Droosd

Ich steh dir bei
Wennsd kann mehr hasd
Auf den wusd baua kannsd
Wie a Steech ieberm diefn Wasser
So bin ich fier dich
Wie a Steech ieberm diefn Wasser
So bin ich fier dich

Wennsder dreggi gehd
Wennsd ka Grafd mehr hasd
Wenns Nachd werd in deim Leem
Na gib ich dir Droosd

Ich nimm dei Händ
Wennsd kann mehr hasd
Dem wusd nu draua kannsd
Wie a Steech ieberm diefn Wasser
So bin ich fier dich
Wie a Steech ieberm diefn Wasser
So bin ich fier dich

Fliech fodd, Silberfraa!
Fliengmer all zwaa!
Etz kummd ball Lichd und Freid
Des wosd draamsd, des is ball soweid

Schauner, wies scho scheind!
Ja, etz hasd an Freind
Geecher all die Lumberei

Wie a Steech ieberm diefn Wasser
So steh ich dir bei
Wie a Steech ieberm diefn Wasser
So steh ich dir bei

Unner Haus

Ich schier aufs Feier
Du stellsd die Blumma
In die Vasn, die wusd kaffd hasd heid

Na hoggmer dord am Feier
Stundnlang beinanner
Und ich horch auf die ganzn Lieder
Die wusd die Nachd lang vorspielsd
Fier mich
Bloß fier mich

Kumm etz her zummer
Leech dein Kopf her, bloß fier fimpf Minuddn
Alla Sorng sinn fodd gjoochd
So a gmiedlis Stiebla
Die Fensder, die sinn hell und leichdn
Und die stolz Sunna dudd etz reistrohln
Rooda Flamma fier uns
Bloß fier uns

Schau naus
Aus unnerm scheena, scheena, scheena glann Haus!
Widdi Kinner drauß im Gardn
Middi Hund spieln und middi Katzn!
Is ganze Leem dudd leichdn weecher dir
Und mir

Ich schier aufs Feier
Du stellsd die Blumma
In die Vasn, die wusd kaffd hasd heid

Ka Weiber, ka Gschrei

Ka Weiber, ka Gschrei, ka Weiber, ka Gschrei
Ka Weiber, ka Gschrei, ka Weiber, ka Gschrei

Horch waßders nu, wimmer dord koggd sinn
In der Middoogshitzn, auf dem Margdblatz drin?
Wimmer die Leid zugschaud hamm und die Maadle
Wissi uns onglachd hamm in ihr dinna Glaadle?
Guuda Freind hammer kabbd, und guuda Freind
hammer verlorn
Auf unnerm Weech.
Vor lauder Foddschridd vergessmer net, wos amoll
woor
Kumm, grein hald net, soocherder – no fraali

Ka Weiber, ka Gschrei, ka Weiber, ka Gschrei
Ka Weiber, ka Gschrei, ka Weiber, ka Gschrei

Horch waßders nu, wimmer dord koggd sinn
In der Middoogshitzn, auf dem Margdblatz drin?
Und na hammer die ganz Nachd a Feierla dord
gschierd
Hamm drunkn und gsunga und glachd wie verriggd.
Alles woor so guud und schee, und der Himmel
woor wie a Wiesn
Und mir drei Buum hamm rumgspield dord drin.
Mei Fieß sinn des Aanziche, wummi weiderbringd
in dera Weld
Drum mussis baggn, wallmi nix mehr baggd und
nix mehr häld

Alles werd scho widder guud und schee
Alles werd scho widder guud und schee, glaamers

Ka Weiber, ka Gschrei, ka Weiber, ka Gschrei
Ka Weiber, ka Gschrei, ka Weiber, ka Gschrei

II. Dem Bob Dylan sei Songs

Es kumma ball ganz annera Zeidn

Gedd her etz, ihr Leid doo, und schaud eich gscheid um
Däddner zugeem, daß gstieng is, des Wasser um eich rum
Mibbm Naßwern mißder rechna, wer net aufbaßd, kummd um
Wellder eier Hoob und Guud reddn
Na fangd oo etz zu schwimma odder ihr singd noo zum Grund
Wall es kumma ball ganz annera Zeidn

Ihr Künsdler und Griddiger, ihr laberd saugscheid doher
Machd eier Aung etz weid auf, sunsd kummers eich in die Gweer
Sochd erschd amoll goor nix, wallsi des Rood grood nu drehd
Mer kann nu nix soong, obber auf aan werds na deidn
Wer etzerd hindn droo hängd, werd zuerschd ins Ziel geh
Wall es kumma ball ganz annera Zeidn

Ihr Boliddiger und Gschäfdsleid, horchd etz amool
Stedd net rum doo im Eigang, versperrd net in Sool
Der wu na an Dreef grichd, der hadd drödld und bennd
Es werd a Schlachd kumma, drauß heerdmers scho streidn
Ball schebbern na eier Fensder und ball waggln eier Wänd
Wall es kumma ball ganz annera Zeidn

Ihr Müdder und Väder, ieberoll im Land
Dädd net bloß schändn, des gehd ieber eiern
Verstand
Eier Söhn und eier Döchder habbder längsd
nämmer in der Händ
Eier aldn Weech mußmer heid meidn
Horchd, gedd bloß etz auf Seidn, wenner net mid
oobaggn kennd
Wall es kumma ball ganz annera Zeidn

An Schlußstrich hamms zoong, an Fluch haddmer
keerd
Die wu langsamer denna, flitzn ball scho wie gsteerd
Wos richdi is heid, des is morng scho verkehrd
Die Ordnung is ganz schnell beim Deifl
Und der Siecher vo heid verlierd morng scho sein
Weerd
Wall es kumma ball ganz annera Zeidn

Mid Godd auf unnera Seidn

Ach, mein Nooma kannsd vergessn
Und mei Alder na erschd rechd
Ich kumm vo doo aus Franken
Mer lebbd doo net schlechd
Daßmer Gsetze befolng muß
Hammsmer beibrachd beizeidn
Ja, des Land, wu ich leem du
Hadd Godd auf seina Seidn

Ach, die Gschichdsbiecher derzällns uns
So wohr glingd die Gschichd
Die Soldoodn woorn arch dichdi
Und die Feind, die sinn gflichd
Die Soldoodn hamm neigfungd
Daß a Ruh woor mid die Heidn
Ja, des Reich, des woor heilich
Mid Godd auf seina Seidn

Mir hamm kämpfd geecher die Franzosn
Die Heimood zu bewohrn
Ob ludderisch odder kadoolisch
Wos falsch is, des woor gloor
Mir hamm kämpfd bis aufs Blud
Aa geecher die eigna Leid
Die Heldn stenn im Gschichdsbuuch
Und hamm Godd auf ihra Seidn

Ach, der Erschde Weldgriech
Woor a bludicha Gschichd
Des Ganze woor so sinnlos
So vill Leem hadder vernichd
Mancha soong, des woor needi
An bessern Boodn zu bereidn

Und drum zäll net die Doodn
Die hamm Godd auf ihra Seidn

Wussi na in Zweidn Weldgriech
Vom Zaun brochn hamm
Hamms alles kabudd gmachd
Wos guud woor in dem Land
Hamm Milliona Juden umbrachd
Heid wissmer Bescheid
Heid hammer obber aa widder
Godd auf unnera Seidn

Uns werd gsochd, wu der Feind hoggd
Ob Moslem odder Grisd
Des kann widder der Russ sei
Odder ergnd a Derrorisd
Die kemmer na widder hassn
Wall sowos därfmer net leidn
Denner zeingmer scho, wos gschloong hadd
Mid Godd auf unnera Seidn

Heidzerdooch doo gibbds Waffn
Die joong alles in die Lufd
A Verriggder wenns in die Gralln hadd
Is die ganz Weld glei vergifd
A Finger driggd aufs Gnepfla
Den Schlooch spiersd na weldweid
Mer därf goor net droo denkn
Mir hamm ja Godd auf unnera Seidn

In so manchera dunkln Stund
Hobbi drieber noochdenkn gmißd
A Kuß woor der Onfang
Wu Grisdus greizichd worn is
Ka Mensch kann des wissn

Doo drieber kammer streidn:
Woor beim Verräder Judas
Aa Godd auf seina Seidn?

Etz machermi auf die Soggn
Ich bin saumäßi mied
Ich bin ganz neeberder Kabbn
Und am End mid meim Lied
Die Wörder fliengmer durchn Kopf
Vielleichd dassis falsch siech –
Obber is Godd auf unnera Seidn
Verhinderder na in näggsdn Griech?

A archer Reeng werd nu roofalln auf uns

Wu bisdn na gweesn, mei Engerla, mei Buu?
Sooch, wu bisdn gweesn, mei ganzer Scheener, du?
Rumgstolberd binni zwischer zwölf raacherda Gipfl
Ich bin gloffn und grochn auf zehr grumma Straßn
Rumgstiefld binni middn in siem stinggerda Wälder
Weid drauß haddsmi noodriem zu am Dutznd
dooda Meere
Ich woor zehrdausnd Meiln innam Maul vonnam
Friedhof
Es werd arch, es werd arch, es werd arch, es werd arch
Es werd a archer Reeng nu roofalln auf uns

Sooch, wos hasdn na gsehng, mei Engerla, mei Buu?
Sooch, wos hasdn gsehng, mei ganzer Scheener, du?
Doo woor a naggerds glanns Bäiby und wilda Wölf
umna rum
Doo woor a Deerstraß voll Diamandn, und ka Mensch
is dord gloffn
Doo woor a schwarzer Asd, und des Blud is vonna
roodropfd
Doo woor a Sool voller Männer mid lauder Hämmer,
wu bludd hamm
Doo woor a weißa Laddern, die woor versunkn im
Wasser
Doo woorn zehrdausnd Redner und ihr Riggrood
woor brochn
Doo woorn Gwehrer und Messer in die Händ vo
glanna Kinner
Es werd arch, es werd arch, es werd arch, es werd arch
Es werd a archer Reeng nu roofalln auf uns

Sooch, wos hasdn na keerd, mei Engerla, mei Buu?
Sooch, wos hasdn keerd, mei ganzer Scheener, du?
Doo woor a Grolln und a Dunnern, des hadd doobd
und hadd gwarnd

Doo woor des Rumbln vo aana Welln, wu die ganz
Weld ieberschwemmd
Doo woorn hunnerd Drommler, und ihr Händ
woorn am Brenna
Dausnd hamm doo gflisderd und ka Mensch haddna
zukorchd
Aans woor am Verhungern und a Haufn woorn am
Lachn
Doo woor des Lied vonnam Dichder, der wu gstorm
is in der Gossn
Des Geglooch vonnam Glaun, der hadd griena im
Gässla
Es werd arch, es werd arch, es werd arch, es werd arch
Es werd a archer Reeng nu roofalln auf uns

Sooch, wen hasdn na droffn, mei Engerla, mei Buu?
Sooch, wen hasdn droffn, mei ganzer Scheener, du?
Doo woor a glanns Kind gleeng neeber an doodn
Bonni
Doo woor a weißer Moo mid am kollschwarzn Hund
Doo woor a junga Fraa und ihr Leib woor in Flamma
Doo woor a glanns Maadla, in ihr Händ woor a
Reengboong
Doo woor a Moo, der wu verwund woor vom Liem
Und a annerer Moo, der wu verwund woor vom
Hassn
Es werd arch, es werd arch, es werd arch, es werd arch
Es werd a archer Reeng nu roofalln auf uns

Sooch, wos wersdn etz machn, mei Engerla, mei Buu?
Sooch, wos wersdn etz machn, mei ganzer
Scheener, du?
Ich machmi ausm Staab, wall der Reeng ball auf uns
roofälld
Ich laaf in die diefsdn, allerdunklsdn Wälder
Wus wimmln dudd vor Leid, obber ihr Händ sinn all
leer

Wu des Gifd all derwischd und wus rumschwimmd
im Wasser
Und des Haus drauß im Greena werd a kalds,
moodris Gfängnis
Und in Henker sei Gsichd, des grichd kanns zu
sehng
Der Hunger dudd alla fressn, und die Seeln wern
vergessn
Und schwarz sinn die Farm, und null und nichdi die
Zohln
Ja, des soochi, des siechi, des maani, des draami
Des lassi leichdn am Berch droom, daß die Leid alla
sehng denn
Und ich steh aufm Wasser und ich geh scho fasd
under
Obber ich waaß, wossi sing, und ich sing mei Lied
weider
Es werd arch, es werd arch, es werd arch, es werd arch
Es werd a archer Reeng nu roofalln auf uns

Bloß so a Benner

Ich bin eikaafn ganga neili drin in der Stadd
Doo siechi so an aldn Benner rumlieng in der Einfard
Sei Gsichd woor ganz dreggi aufm Boodn dord gleeng
Die Nachd hadder dord zubrachd und vill Leid hammna gsehng

Bloß so a Benner, obber a Mensch, der is fodd
Kanner is doo etz, wu a Lied fierna singd
Kanner is doo etz, der wunna hamm bringd
Bloß so a Benner, obber a Mensch, der is fodd

Mid lauder alda Zeidunga woor sei Leib zugedeggd
Der Bordstaa woor sei Kopfkiss, die Straß woor sei Bedd
Sei Gsichd wennsd des gsehng hasd, hasd gwißd vo seim Kampf
A boor Geldstigg hadder kabbd, in der Fausd neivergrampfd

Bloß so a Benner, obber a Mensch, der is fodd
Kanner is doo etz, wu a Lied fierna singd
Kanner is doo etz, der wunna hamm bringd
Bloß so a Benner, obber a Mensch, der is fodd

Wos werdn aus am Menschn, wenn aus seim Leem nix mehr werd
Wenner nausschaud in die Weld vonnam Loch in der Erdn
Wenner wardn dudd auf die Zukunfd, wie a Gaul mid brochna Fuß
Wenner rumgriechd in der Gossn und muß sterm ohna Gruß

Bloß so a Benner, obber a Mensch, der is fodd
Kanner is doo etz, wu a Lied fierna singd
Kanner is doo etz, der wunna hamm bringd
Bloß so a Benner, obber a Mensch, der is fodd

Des lichd etz alles hinder dir, dummer Buu

Du mußds etz baggn, nimmder des, wosd braugsd,
du waßd Bescheid
Gibbner Obachd, wosder wergli wichdi is, und
verstegg des gscheid
Dord dreem doo stehd dei Heimkind mid seim Gwehr
Schreia dudder wie a Feier aufm Deer
Schau naus, die Heilichn kumma aa widder mid
ihrm Geduu
Des lichd etz alles hinder dir, dummer Buu

Die Straßn sinn fier die Zogger mid mehr Gligg wie
Verstand
Wosder der Zufall zugspield hadd, des allaans, des
hasd als Pfand
Der obdachlose Mooler aus deina Straß
Schrabbd an ganzn Roman nei in dein Reisebaß
Der Himmel, allmächd, der schaud so vergribbld
aus wie du
Des lichd etz alles hinder dir, dummer Buu

Die ganzn grankn Bassandn, die gondln etzerd
hamm
Die ganzn schlaua Schmarrer, die schleingsi etzerd
hamm
Dei Freindin, die wu grood naus is aus deim Haus
Die schmaßd eiern ganzn Grembl in Abfall naus
Der Debbich, allmächd, der rumbld und gibbd alls
ka Ruh
Des lichd etz alles hinder dir, dummer Buu

Wusd herkummsd, des kannsd vergessn, alles lichd
vor dir
Begroob dei ganzn Doodn, ka Mensch kann doo wos
derfier

Die Landstreicher, die wu bumbern an deina Dier
Die droong dei Glaader und die drinkn aa dei Bier
Machdi auf die Soggn, wall sunsd brenna glei dei
Schuh
Des lichd etz alles hinder dir, dummer Buu

Sie kerd etz zu mir

Sie hadd alles, wosmer brauchd
Sie is a Brachdstigg, wu kann Bleedsinn mächd
Sie hadd alles, wosmer brauchd
Sie is a Brachdstigg, wu kann Bleedsinn mächd
Sie drächd des Dunkl aus der Nachd raus
Und mächd die Dooch zu Nächd

Du wersd gliggli dordn rumschleing
Und Diamandn glaua bloß fier sie
Du wersd gliggli dordn rumschleing
Und Diamandn glaua bloß fier sie
Am Schluß doo stiersd na durch ihr Schlisslloch
Und griegsd rum auf dei Gnie

Und niemools stolberds
Sie kummd aa nie zu Fall
Und niemools stolberds
Sie kummd aa nie zu Fall
Sie is ka Spielball
Sie is so unfaßboor wie des All

Sie drächd an ägybdischn Ring
Der wu glitzerd, wennsi redd
Sie drächd an ägybdischn Ring
Der wu glitzerd, wennsi redd
Sie sammld alles, wos gscheid ald is
Und wär gliggli, wennsi dich aa hädd

Bediensi guud am Sunndooch
Graddulier fei, wennsi Geboddsdooch hadd
Bediensi guud am Sunndooch
Graddulier fei, wennsi Geboddsdooch hadd
Als Grisdkindla kaffsdera a Drumbeedn
Doo kummdsi na so richdi in Fard!

Wär die Zukunfd ka so a langa Zeid net

Wär die Zeid ka endlosa Landstraß
Wär die Nachd ka eewicher Weech
Wär die Zukunfd ka so a langa Zeid net
Na wär des Allaasei ganzergoor egool.
Ja und dädi etz ihr Herzla schloong heern
Wärsi etzerd bei mir doo
Dädsi etz doo neeber mir leeng
Nacherd dädmer widder zammkern wie Fraa und
Moo.

Ich siech ka Spieglbild im Wasser
Ich kenn ka Sprooch, die wu kann Schmerz net
spierd
Ich heer net des Echo vo mei Foddschridd
Ich waaß scho nämmer, wie mei Nooma glingd.
Ja und dädi etz ihr Herzla schloong heern
Wärsi etzerd bei mir doo
Dädsi etz doo neeber mir leeng
Nacherd dädmer widder zammkern wie Fraa und
Moo.

Wie schee is doch des silberschnelle Bächla!
Wie schee dudd die Sunna frieh doo scho aufdaung!
Obber nix kummd noo, und alles kannsd vergessn
Geecher meinera Libbsdn ihr wunderscheena Aung!
Ja und dädi etz ihr Herzla schloong heern
Wärsi etzerd bei mir doo
Dädsi etz doo neeber mir leeng
Nacherd dädmer widder zammkern wie Fraa und
Moo.

Liem hooch zwaa, null Abstrich

Mei Herz, des redd, wus schweing dudd
Mächsdi nix vor, mächd nix ausi
Brauchsd net vom Dreisei balaabern
Walls beständi is wie Eis, wie Feier
Die Leid bedriengsi mid Rosn
Mid Versprechunga, mibbm Blaua vom Himml
Mei Herz gehd auf wie a Briemerla
Mid Sießholz hadds nix am Huud

Die Leid in die Leedn und Kandiena
Reedn iebern Reeng und Kaddasdroofm
Ieber Biecher und Boliddiggersprich
Die Barooln stechn jeebm ins Auch
Eddlia reedn, wos die Zeid bringd
Mei Herz, des redd ganz leis bloß
Sie waaß, wer Gligg hadd, ziechd in Kerzern
Und weers net schaffd, dem langd der Spodd

Die Grediddkardn glabbern in die Drenschkood
Zohln und Audomoodn geem in Doon oo
Is schlamberd Nixla stichd in Herz Könich
Wall der letzde Dreeg is heidzerdooch Drumpf
Jeeds Denkmool is bloß a Kardnhaus
Am End bregglds und brichd zamm
Mei Herz kimmerds weng, sie zwinkerd
Deesn und Disgussjoona lassnsi kald

Die Nachd joochd Spring nei in Stohlbedong
Der Doggder dorgld in der Werdsstumm rum
Die derschloonga Leid suhng ihr Seelnhaal
Hungern nooch Messidsch und gscheida Äggdschn
Der Wind drauß haald godderbärmli
Wie ausbludd und halmi zammgfroorn
Wie a Elsdern middan brochna Fliegl
Schaud mei Herz zum Fensder rei

Hängdi net noo, des is okee

Des hadd kann Weerd, daßd rumhängsd und bloß rumglotzd
Hasders immer nu net kabierd?
Des hadd kann Weerd, daßd rumhängsd und bloß rumglotzd
Doo is scho vill zu vill bassierd.
Wenn dei Wegger schelld in aller Herrgoddsfrieh
Na is mei Koffer fodd und dei Bedd, des is leer
Du bisd schuld, daß ich im Reeng draußn steh
Obber hängdi net noo, des is okee.

Des hadd kann Weerd, daßd aufstehsd und an Kaffee mäggsd
Ich geh nichdern meiner Weech.
Des hadd kann Weerd, daßd aufstehsd und an Kaffee mäggsd
Mich wärmd nix mehr auf meim Weech.
Ach, ich wollerd, du soochersdmer an freindlin Satz
Dassi doobleim meecherd, bismer der Groong widder blatzd
Mir hamms nie verstanna, des Blaudern und Versteh
Obber hängdi net noo, des is okee.

Des hadd kann Weerd, daßd blägn dusd und rumgreinsd
Des hasd doch sunsd aa net gmachd.
Des hadd kann Weerd, daßd blägn dusd und rumgreinsd
Des hadd doch nu kann wos brachd.
Ich ieberleech und frooch mich in aana Duur
Wu isn die Fraa hie mid dera Grafd und dera Figur?
Mei Herz hobberder gschengd, obber du grallsder ja mei Seeln
Obber hängdi net noo, des is okee.

Ich laaf etz auf am langa, finsdern Weech, heersd
Wennis net schaff, na pfeifi eem drauf.
Ich laaf etz auf am hardn, kaldn Weech, heersd
Ich soochder aans: Baß auf dich auf.
Ich kann net soong, daßd gemein zu mir woorsd
Du häsd freindliä sei kenna, obber des woor nie dei Oord.
Mei Zeid hasdmer gstolln und mei Leem hasdmer verpfuschd
Obber hängdi net noo, des is eh scho worschd
Denk nämmer droo, baßd scho, alles gloor.

So wie a Fraa hald

Ka Mensch spierd etz mein Schmerz
Mir bludd in der Nachd im Reeng mei Herz
Alla Leid is gloor
Mei Schatz hadd scheena Woor
Ihr Schleifle sinn obber rausgfalln aus ihr Hoor
Etzerd stelldsi nix mehr vor

Sie stehd ihrn Moo, so wie a Fraa hald, wergli wohr
Und sie kann liem, so wie a Fraa hald, is scho gloor
Und sie gwäldsi, so wie a Fraa hald
Obber sie derbräselds so wie a glanns Kind

Die Frauen, die sinn mei Leem
Ich glaab, ohna Fraa doo dädi sterm
Des kammer doch versteh
Ohna Fraa doo däd nix geh
Obber sie sichds net ei, dassi net alles um sie drehd
Um ihr Dableddn und um ihrn Grembl und um ihrn Geld

Sie stehd ihrn Moo, so wie a Fraa hald, wergli wohr
Und sie kann liem, so wie a Fraa hald, is scho gloor
Und sie gwäldsi, so wie a Fraa hald
Obber sie derbräselds so wie a glanns Kind

Des hadd greengd dord wie verriggd
Und ich bin vor Dorschd scho fasd verreggd
Drum bin ich etz doo
Und der Fluch, der wu doo drinna steggd
Und dief drinna hoggd
Dudd so weh etz doo
Wall ich häng hald droo
Ja, siggsdmers du net oo?

Mir gfälld nix mehr
Ich glaab, etz is es Zeid fier mich zu geh.
Wenn mir uns widder sehng
Ergndwu innam Café
Na därfsd fei kann derzälln, wos du ieber mich waßd
Wie ich woor, wosdmer geem und wosdmer
gnumma hasd

Du spielsd dei Spiel, so wie a Fraa hald, wergli wohr
Und du hasd Gfiehl, so wie a Fraa hald, is scho gloor
Du siggsd des Leem so wie a Fraa hald
Bloß dich derbräselds so wie a glanns Kind

Aamer voll Reeng

Aamer voll Reeng
Aamer voll Dräna
Aamerweis stehdmers Wasser bis zum Hals
Aamerweis Silberfischle underm keesin Mond
Aamerweis kennderdi liem, des fellerdmer nu
Zu meim Gligg.

Ich woor schichdern
Woor hard wie a Achn
Hobb großa Leid foddgeh sehng wie Raach
Bekannda kumma, all Dried, Kumbl genna
Wennsdmi hoom willsd, Maadla
Na lang gscheid noo.

Ich mooch dei Oord zer grinsn
Mooch dei Fingerkubbm
Mooch, wiesd dei Libbm beweegsd
Mooch dei kaldn Aung, wies schaua
Alles, wosd maggsd, duddmer nix wie
Ins Herz nei weh.

Glanner rooder Robbern
Glanns roods Reedla
Ich bin ka Doosbaddl und ich waaß, wossi mooch.
Ich mooch, wiesdmi liem dusd, fesd und sachd
Dich nehmerdi mid, kannsdmer glaam
Wenni foddgeh misserd.

Leem haßd Frusd
Leem haßd Stuß
Jeeds kann bloß doo, wos eem doo muß
Mer dudd, wosmer muß, und des duddmer gscheid
Ich maggs fier dich, Maisla, soochamoll
Siggsdn du des net?

Nämmer vernanner

Dämmern dudds iebern gfroorna See
Nördlia Wind feeng und verdreim
Unner Fußspurn im feichdn Schnee
Im Dool drund heersd is Schweing

Du bisd schenner wie mei Worde
Wunner wie neiwaacherd fier mich
Die Bligg weggsln, die Leemsorde
Obber bleim, damidderdi immer siech

Die Zeid hadd mich, ich hobb Zeid
Du kannsd hoom, wosd meechersd
Zammleem kenndmer, ich wär bereid
Wennsdmi richdi seechersd.

Ich draam vo blieherda Dooch
Mid am Wasserfall aus rooda Nelgn
Aus heiderm Himml roo aufn Boodn
A Neesd fier uns zwaa Schwelgn

Welln schloong iebermer zamm etz
Wirri doosteh auf der Sandbänk
Drauf ward, daßd kummsd und heerwetzd
Dasserdi oofaß bei der Händ

Ah, mei graus, blaus Daibla
Fliegsd in dein Schlooch, wusdi verbausd
Mid gfärbda Hoor, wie a nei eigladds Weibla
Kummsd zummer heer und schmiegsd und schausd

Hochzerdslied

Ich liebdi so wie nie zuvor, mehr wie Gsundheid, mehr wie Geld
Ich liebdi mehr wies Freisei und mehr wie is Sternazeld
Ich liebdi mehr wie wahnsinni, mehr wie jeedn Draum und Siech
Ich liebdi mehr wie mei eings Leem, du bisd des Leem fier mich

Seiddeem daß ich dich droffn hobb, hadd alles a Middn grichd
Ich häng etz nämmer nächdlang rum, mid Gstaldn ohna Gsichd
Ich margier etz aa kann Kaschber mehr, du gibbsd mir all mei Grafd
Ich liebdi wie nie zuvor, und hobbs drotzdem nunni gschaffd

Du bringsd mir bei still zu sei, und dief und voll zu leem
Wie ich a armer Schlugger woor, hasdmer beibrachd alles zu geem
Du hasd mei Dräna druggnd, hasdmi rauszoong ausm Sumpf
Ich liebdi so wie nie zuvor, dei Gligg wär mei Driumpf

Du hasdmer glanna Kinner gschengd, alles werd heid immer gresser
Auch um Auch und Zoh um Zoh, dei Bligg schnadd wie a Messer
Ich muß immer an dich denkn, du hasd mich nie ausglachd
Ich däd fier dich die Weld hergeem, und wos mei Leem ausmachd

Des Lied, des uns zwaa aufgeem is, daßmers spieln in unnerm Leem
Des spielmer eem so guud wies gehd, worschd, obs die Leid aa meeng
Die Verlusd sinn groß, vill is verlorn, vill is scho drund im Fluß
Obber gliggli binni bloß mid dir, mid deim Lachn und deim Kuß

Ich hobb des nie als Aufgoob gsehng, die Menschheid zu beglüggn
Ich hobb ka Denkmool sterzn welln, und kann sein Glaum zerpflüggn
Ich lieb dich doch vill mehr als des, neeber dir doo werd alles so glaa
Und wenns a Leem dernooch nu gibbd, na lieberdi dord fei aa

Sooch, siggsders net, uns is bestimmd, daßmer zamm sinn, bloß mir zwaa
Ich bin geborn bei dir zu sei, du bisd mei geborne Fraa
Du bisd die anner Hälfd vo mir, du bisd mei rechda Händ
Dich liebi so wie nie zuvor, bis an mei Lebmsend

So allaa wie a Staa

Es woor amoll a Zeid, doo woorsd wunner wie gscheid
Hasd stolz im feina Glaad Geldschei verdaald,
waßders nu?
Die Leid hammder gsachd: Baßner auf, ball griggsd
aana drauf!
Obber du hasd gmaand, all Dried verbaßd du wos
Du hasd ieber alla glachd
Hasdi ieber alla ihr Sorng lusdi gmachd
Etz hasd scho lang nix mehr gsachd
Gell etz waßd, des hadd dir nix brachd
Etz wusd greina mußd, wallsd nix gmachd hasd aus
deim Leem

Sooch, wie kummsdern doo vor?
Ja, wie kummsdern etz vor?
So ganzergoor allaa
So ganz ohna Derhamm
So vergrachd und so glaa
So allaa wie a Staa?

Du woorsd auf die dollsdn Schulln mid Komfoor,
alles gloor
Obber heid doo waßd, doo drin hammsdi bloß
kopfgrank gmachd
Ka Mensch hadder beibrachd, wosses haßd, zu
ieberleem auf der Straß
Etz erschd mergsd, wosd net waßd, obber machn
mußd, aa wennsder goor net baßd
Du saggsd, du maggsd ka Kombromiß
Mid dem dunkln Kerl, wu doo rumgschlichn is
Der verkaffder ka Billn geecher die Finsdernis
Obber in sei Aung, doo siggsd, wos dei Seeln zerfrißd
Wennsdn froong dusd: Kanns fier mich a Reddung
geem?

Sooch, wie kummsdern doo vor?
Ja, wie kummsdern etz vor?
So ganzergoor allaa
Ohna Derhamm auf die Baa
So vergrachd und so glaa
So allaa wie a Staa?

Du hasd nie neigschaud in die draurin Aung voddi Aggrobaadn und Glaun
Wennsi doo woorn und hamm fier dich ihr Späßle gmachd
Du hasd des nie kabierd, zu wos des alles fiehrd
Du hasd die Leid ausgnutzd gscheid und derbei nu greisli glachd
Du hasd rumdanzd ums goldne Kalb mid deim Dibblomaad
Mid seim verzoonga Koozer auf Damasd und Brokaad
Heid doo waßd, des woor so falsch und so fad
Der Kerl woor der reinsde Bsychobaad
Der hadder alles gnumma, wosder wichdi woor in deim Leem

Sooch, wie kummsdern doo vor?
Ja, wie kummsdern etz vor?
So ganzergoor allaa
Ohna Derhamm auf die Baa
So vergrachd und so glaa
So allaa wie a Staa?

Die Brinzessin im Blitzlichd und die ganzn schiggn Dübbn
Die denn drinkn und denkn, sie hamms gscheid weid brachd
Die dauschn ihr deiern, feina Gschenkle heid aus

Obber verkaaf dein Diamandring gleich, und aa dei Segelyachd!
Du hasdi immer amisierd
Ieber den Lumbenkönich, wirrer redd und sich blamierd
Genner zunna, der schreid noochder, duddi net ziern
Wennder nix mehr bliem is, na hasd nix mehr zu verliern
Du bisd a Nullnummer etz, ka Mensch dudder mehr wos glaam und geem

Sooch, wie kummsdern doo vor?
Ja, wie kummsdern etz vor?
So ganzergoor allaa
Ohna Derhamm auf die Baa
So vergrachd und so glaa
So allaa wie a Staa?

Hey, alder Gidarrnspiller

Hey, alder Gidarrnspiller, spiel a Lied fier mich
Ich bin net schläferi und ich muß aa nercherds mehr hie.
Hey, alder Gidarrnspiller, spiel a Lied fier mich
Mid deim Singsang bis morng frieh doo bleib ich doo bei dir.

Ja, ich waaß, dem Dooch sei Weldreich is versunkn underm Sand
Drächd scho der Nachd ihr Gwand
Haddmi etz doheer verbannd, ohna Aung und ohna Schloof.
Mei Miedichkeid, die ziechdmi roo, ergndwos brenndsi nei mei Fieß
Ich hobb kann, der wu mich vermißd
Auf dera aldn, staabin Straß, doo kummd jeder nu zu seiner Stroof.

Hey, alder Gidarrnspiller, spiel a Lied fier mich
Ich bin net schläferi und ich muß aa nercherds mehr hie.
Hey, alder Gidarrnspiller, spiel a Lied fier mich
Mid deim Singsang bis morng frieh doo bleib ich doo bei dir.

Nimmi mid auf die Fard in deim wunderboorn Gfährd
Mei Haud und Hoor sinn kald, mei Händ finna goor kann Hald
Mei Zeha sinn belzi und daab, die wardn, dassi widder glaab
An mei Wanderschafd.
Ich geh etz ieberoll hie, aa wenns sei muß vor die Hund

Mir selber aufn Grund, dei Zauber weisd mir die Stund
Ich waaß vo deina Seelngrafd.

Hey, alder Gidarrnspiller, spiel a Lied fier mich
Ich bin net schläferi und ich muß aa nercherds mehr hie.
Hey, alder Gidarrnspiller, spiel a Lied fier mich
Mid deim Singsang bis morng frieh doo bleib ich doo bei dir.

Vielleichd heersd a Lachn, und na drehdsdi und hebdsdi nauf in die Heh
Alles is etz guud und schee, nix mehr dudder leid und weh
Und bis zum Himmel kennd dei Raum ka Mauern und kann Zaun.
Und wennsd etz Versle heersd so bund und schee, so wie a Kinnerbild
Und a Gidarrn, die wu derzu spield, a Lied so sängerli und wild
Na achd net auf den Kerl, der dudd bloß Schaddn zälln
Der belzi Drauerglaun.

Hey, alder Gidarrnspiller, spiel a Lied fier mich
Ich bin net schläferi und ich muß aa nercherds mehr hie.
Hey, alder Gidarrnspiller, spiel a Lied fier mich
Mid deim Singsang bis morng frieh doo bleib ich doo bei dir.

Kumm, fiehrmi fodd aus Haus und Haud, zuddi bundn Rauchring nauf
Zuddi neeblin Ruina vom Glaum, ieber lauder gfrorna Blädder

Zuddi gspensdin, ziddrin Bammer, naus zu Wind und Wedder
Weid fodd vo all dem Gfregg und all die Sorng!
Ja, doo danzi underm Diamandnzeld, mid mei Händ droom bei die Stern
Umgeem vo Meer und Strand, im Ring voller Zirgussand
Und mei Gedächdnis und mei Geschigg, sinn versunkn im Aungbligg
Laßn mich vergessn, wos ich bin, bis zum annern Morng.

Hey, alder Gidarrnspiller, spiel a Lied fier mich
Ich bin net schläferi und ich muß aa nercherds mehr hie.
Hey, alder Gidarrnspiller, spiel a Lied fier mich
Mid deim Singsang bis morng frieh doo bleib ich doo bei dir.

Wu ich frei sei werr

Es haßd, alles kammer heid ersetzn
Obber net alles haddmer in der Händ
Ich kenn nu des Gsichd von an jeedn
Der wummi reigleechd hadd am End
Ich waaß, mei Lichd, des werd leichdn
In mei Leem und in die Weld
Wall der Dooch kummd, wall der Dooch kummd
Wu ich frei sei werr

Es haßd, jeder Mensch brauchd an Beschitzer
Es haßd, jeder Mensch muß falln
Obber gwieß wohr, ich siech mei eings Gsichd etz
Dord droom, wu die Dropfn runderfalln
Ich waaß, mei Lichd, des werd leichdn
In mei Leem und in die Weld
Wall der Dooch kummd, wall der Dooch kummd
Wu ich frei sei werr

Aaner stehd allaans in die Haufn Leid
Und der maand, des wär alles net sei Schuld
In ganzn Dooch doo dudder blägn, der Kund
Waller maand, alla hammna grolld
Ich waaß, mei Lichd, des werd leichdn
In mei Leem und in die Weld
Wall der Dooch kummd, wall der Dooch kummd
Wu ich frei sei werr

Drauri drauf und daun

In aller Frieh, die Sunna hadd gschiena
Ich woor nu in der Beddstadd gleeng
Doo hobbi ansi widder denkn missn
Hobb ihr zeedin Hoor widder gsehng
Sie hadd immer dreggerde Fingerneegl kadd
A leddria, rauha Haud
Ka Mensch hadd nookorchd an ihr grumma Zäh
Ihr Leid woorn schoofl und laud
Ka Wärm derhamm, ka Verdraun
Dreggi droo und daun.

Als Maadla hammsera die Dreegärwerd kaaßn
Gree und Erpfl und Ruum.
Sie haddmer in kanna Kinnerschull gsehng
Odder rumrumbln middi Buum.
Als Maadla hammsis zu ihra Boodi fodd
Des woor a guda, alda Fraa
Hammkolld hammsis, wissi na ärwern hadd kenna
Sie woor in aana Duur auf die Baa
Gschloong, gree und blau
Daamisch droo und daun.

Ihr Oma hadd innam Kaffernädla kausd
Immer in Kiddl und Diegla.
Vo dera hadds innermoll an Bommbomm grichd
Aus am borzeloonin Griegla.
A Schußbaddl und a Blägwaffl woor ihr Vadder
Aafäldi und bloß aufs Geld
Ihr Schwesder woor a Dreegbambl und falsch
Die hädd in Deifl nu gscheid brelld
Ka Wärm und ka Glaum
Debberd droo und daun.

Na is ihr Boodi gstorm und bei der Leichd
Wärs ball ins Groob neigfloong.
Sie hadd griena ieber ihr Kinnerdooch
A Hafdla Elend, net auszersoong.
Na hädds weider ihrn Bolandi machn solln
Nooch der Schull, bei ihr Leid.
Ich därferd denna alls in Johann machn?
Is Foddgeh hadd nu kanns bereid!
Wuannerschdhie, mool schaun
Daab drauf und daun.

Na issi fodd und hadd glernd innam Gschäfd
Fesd gspoord und die Zäh zammbissn.
Na haddmer keerd, wos Glanns wär aufm Weech
Mid sibbzer heeds na heiern missn.
Sie hadds net greeng welln, hadds wechmachn lassn
Na woor Schluß mid ihrm Freind
Ihr Lehr hadds oobrochn, aa in Kondaggd nooch derhamm
Kaaßn hadds, daß in Nämberch rumstreind
Leem vo Dschobbm und Glaun
Dodool derneem und daun.

A boor Johr dernooch hobbis in Nämberch gsehng
An der Kassa innam Schlegger.
Horchamoll, mir kenna uns doch, odder net?
Allmächd, Habsi, alder Fregger!
Oomds, bei am Bier, hadds derzälld, wissera gehd
Sie woor a rechder Zabbl.
Hadd graachd wie a Schlood, vo ihr Männer derzälld
Vom Geld und vom ganzn Drabbl.
Fraali, aana voddi seddn Fraun
Debbremierd und daun.

Laß guud sei, des dudd ja doch ka Gudd mid mir
Mir is mei Leem worschdegool.

Ich hobb fei dei Racherstäble aufkoom bis heid
Und dei Bob-Dylan-Bladdn stehd im Regool.
Manchmoll holli die Foddo raus und mußmi
    wunnern
Ich maan, ich renn eewich meim Schaddn dervoo
Mei Leid sinn fier mich so lang scho gstorm
Ich häng an kann Derhamm und kann Moo.
Mensch Habsi, mir sinnder zwaa so Glaun!
Draagisch drauf und daun
Drauri drauf und daun.

A Sach fier mich

Di ganz Sach haddsi zugspitzd na
Schee feich woor des Spieln auf Zeid
Dooddrauri hammer im Driebm gstocherd
Underm Schloong vom Spechd ieber die Leid.
Ich meecherder widder mei Händ noolanga
Wirrerdi vor mei Aung etz siech
Obber du bisd lang scho ganz wuannerschd
Ich glaab, des woor amoll a Sach fier mich.

Gwißd wenni hädd, wos kumma werd
Häddi na oogriehrd an die Sach?
Odder hädderdi bloß im Gedächdnis pfaldn
Wie a Schmuggstigg, aus demersi nix machd?
Wenni glabbd hädd, wos der Verstand aam sächd
Häddi nie denkd, dasserdi wergli griech.
Aaner muß weider in Stern noochziehng
Ich maan, des is a Sach fier mich.

Der Nohverkehrszuuch fährd grood oo
Die Oosdergloggn ganggln im Wind.
Ich hobb die verzoonge Gidarrn nu doo
Die Saidn sinn garschdi verstimmd.
Zwölf Johr lang hobbi bloß verlorn
Siem Wochn woorn a Siech
Ich bleib weider am Desserdiern
Ich maan, des is a Sach fier mich.

Als reddnder Engl bisd ausm Neebl kumma
Auf der Ärwerd woor grood die Hölle los.
Im Driedschln, im Sumpf ka Land in Sichd?
Sooch, wos woordn der Hoogn bloß?
Mir Sunndoogsveegl im lufdin, windin Dreim
Wissn nix vo Armadei und Griech

Hamm bloß reichli an unner Wundn zer leggn
Drieber schreim, des is a Sach fier mich.

Es woor die reinsde Offenboorung
Kasdooni dei Aung und Hoor, gree dei glanner Stolz.
Obber a brennds Kind mid haaßa Dräum
Zindld sei Lebdoch im einga Holz.
Mei Zweifl brennermer in der Seeln
Alles werd Aschn fier dich.
Aaner misserd dein Brand hald löschn
Ich hobb gmaand, des wär a Sach fier mich.

Ziech ich na runder, mach ich na nieder
Odder holldermi nauf in die Heh?
Schneidermer widder ins einge Fleisch
Odder dudd is Gligg desmool wenger weh?
Werschdmi rupfm und gniggn und zermeern
Läßdmi am End na widder im Stiech?
Auf dei Froong dernooch a Andword suhng
Blabbd gwieß a Blooch fier mich.

Du wollsdi falln lassn und aufkoom wern
Ookumma, ohna fesdgleechd zu wern.
Alles meegliche is meegli, mir hamm nu Spiel
Hamm ka Middn, bloß an nissin Kern.
Der Diecher in uns is a daaber Koozer
Die ewichn Zweifl werng uns wie a Viech
Diere hamms leichder, die denkn net nooch
Ich glaab, des wär ka Sach fier mich.

Im Riggspiegl siecherdi in der *Ruhestörung* hoggn
Gniggd, in rooder Dschiens und Drensch.
Mir bleim verninfdia Roodweinschlugger
Mid Maggn wie der erschde Mensch.
A Noochgschmagg babbd nu zwischer die graua
Zelln

Nooch durchgmachda Nächd und Lungaziech.
Zwischnzeidli gehds obber weider im Dexd
Ich maan, des is die Sach fier mich.

Mei Dichdn und Drachdn brauchd a fesda Geengd
A Landschafd und a verläßlis Word
Die wulchrerd Sprooch vonnam rauhschelfin
Schlooch
Massich Zeich innam stroozerdn Ord
Die ganz Weld meecherdi in der Wesdndaschn
hoom
Wenni mid mei Wörder weiderziech
Wennis versunna auf der Huud droom weid
Gwieß wohr, des wär die Sach fier mich.

Dunkla Aung

Die großn Herrn denn schwadroniern
Und der keesi Mond hängd ieberm Fluß
Etz drinkns aus und genn spaziern
Ich muß fodd vo Streß und Stuß.
Ich leb in aana ganz annern Weld
Mei Herz, des hängd an Dood und Draum
Die Erdn is voller Liebesberln
Und wossi siech, sinn dunkla Aung.

A Goggl, der grähd hind beim Bamm
Und a junger Soldood is grood am Beedn.
A glanns Kind kummd nämmer hamm
Des dudd der Mudder des Herz zerdreedn.
Obber ich heer a ganz annera Drumbeedn
Ich siech Feier, die wu rauhng
Etz kumma Dooda aus die Greeber
Und wossi siech, sinn dunkla Aung.

Sie soongmer: Alles mid Mooß und Ziel
Ner net gleich soong, vo wosmer draamd.
Sie soongmer: Die Rache is sieß.
Die Leid wennsd siggsd, na kenndmers glaam.
Obber ich hobb nix iebri fier ihr Spiel
Ihr ganza Schönheid dudd nix daung.
Ich will Gluud und Hitzn spiern
Und wossi siech, sinn dunkla Aung.

Ach, die Diva singd im Barradies
Und die Gsteerdn driggn aufs Bedool
Die wu hungern, die grieng scheena Grieß
Voddi schnelln Engl aus Groom und Stohl.
Ach, die Zeid is korz, unner Dooch so sieß
Alla kaafn ei und denn bloß verbraung.
Dausnd Gsichder vor mei Fieß
Obber wossi siech, sinn dunkla Aung.

Dunkl is zwoor nunni ganz

Etz fängds oo zer dämmern
In ganzn Dooch liech ich scho doo.
Zum Schloofn is zu gschwilli
Und mei Leem läffdmer dervoo.
Mir kummds allmähli vor
Als wäri innaheeri ganz aus Stohl.
Mei Haud drächd lauder Narm
Und jeeds Gspräch werdmer a Gwool.
Mich reizd goor ka Richdung mehr
Nercherds a Derhamm zum Bleim.
Dunkl is zwoor nunni ganz
Obber ball werds soweid sei.

Mei Freind und mei Ärwerd
Machn mer lang scho ka Freid.
Ich waaß aa net, wie des alles kumma is
Ich red bloß wunner wie gscheid.
Sie hadd mir an Brief gschriem
Hadd mir die himmlbesdn Wörder geem
Hadd mir is Herz ausgschidd und gsachd
Wossi gmachd hobb mid ihrm Leem.
Obber ich glaab etz goor kann mehr
In mei Leem baßd kanns mehr nei.
Dunkl is zwoor nunni ganz
Obber ball werds soweid sei.

Ich bin in der Haubdstadd gweesn
Und drundn in der Weldstadd mid Herz.
Ich bin alla Flüß noochgloffn
Hobbmi ins Meer und in Himml neigsterzd.
Ich bin dodool am Boodn gweesn
In dera flichdin, verloongna Weld.
Ich such etz ka Verdraua mehr
Hinder Wisaaschn aus Sprich und Geld.
Manchmoll dungdmi is Schiggsool

Saumäßi in Dreeg und Dräna nei.
Dunkl is zwoor nunni ganz
Obber ball werds soweid sei.

Ich bin doo geborn und werr aa doo sterm
Gfroochd werd doo kanner, obber alla werns gscheid brelld.
Vielleichd maansd du aa, daß du vorwärds kummsd
Obber du driddsd aa bloß auf der Stell.
Alla Foosern in mir drinna
Die ziehng mich roo und die ziehng mich alls zamm.
Ich waaß scho goor nämmer
Worummi doomools fodd bin vo derhamm.
Geecher aan selber doo hilfd hald
Ka Verstand und ka Arznei.
Dunkl is zwoor nunni ganz
Obber ball werds soweid sei.

Ich glopf etz an die Himmelsdier

Mama, du sollsd mei ganza Woor etz hoom
Ich waaß kann annern doo derfier
Etz werds glei Nachd, nix gibbds mehr fier mich zu soong
Es kummdmer vor, als glopferdi an die Himmelsdier

Ich glopf, glopf, glopf etz an die Himmelsdier
Ich glopf, glopf, glopf etz an die Himmelsdier
Ich glopf, glopf, glopf etz an die Himmelsdier
Ich glopf, glopf, glopf etz an die Himmelsdier

Mama, leech mein Leib na in die Erdn nei
Bloß mei Seeln, die blabbd bei dir
A mords Drumm schwarza Wolgn dudd aufmi wardn
Es kummdmer vor, als glopferdi an die Himmelsdier

Ich glopf, glopf, glopf etz an die Himmelsdier
Ich glopf, glopf, glopf etz an die Himmelsdier
Ich glopf, glopf, glopf etz an die Himmelsdier
Ich glopf, glopf, glopf etz an die Himmelsdier

Der Dood is net is End

Wennsd allaa bisd, ohna an Menschn
Und du griggsd vo kann a Händ
Na vergeß net: Der Dood is net is End.
Wenn na alles Spitz auf Gnopf stehd
Und der letzd Freind sich vonder drennd
Na vergeß net: Der Dood is net is End.
Net is End, net is End
Naa, vergeß net: Der Dood is net is End.

Und alles, wos dir amoll heilich woor
Hamms verscherbld und verschwend
Obber vergeß net: Der Dood is net is End.
Wenn dei Fieß kann Boodn finna
Und ka Mensch dei Gsichd mehr kennd
Na vergeß net: Der Dood is net is End.
Net is End, net is End
Naa, vergeß net: Der Dood is net is End.

Wennsd net waßd, wos kumma kennerd
Wenns in deina Seeln so saggrisch brennd
Na vergeß net: Der Dood is net is End.
Und findsd du kann Droosd und Ausweech
Und dei Kopf rennd geecher a Wänd
Na vergeß net: Der Dood is net is End.
Net is End, net is End
Naa, vergeß net: Der Dood is net is End.

Wall is Leem wäggsd wie die Bammer
Und der Geisd, der kennd kann Dood
Und des Lichd is a Erlösung
In dera Weld aus Gwerch und Nood
Wenn die Mädd und Menschn schreia
Alles Leem wie im Fluch verbrennd
Naa, vergeß net: Der Dood is net is End.

Wennsd nercherds mehr gscheid midkummsd
Und jeder pfeifd auf dei Dalend
Na vergeß net: Der Dood is net is End.
Und du suhgsd vergeems nooch an Menschn
Mid dem wummer reedn kennd
Obber glaabmers: Der Dood is net is End.
Net is End, net is End
Horch, etz glaabmers: Der Dood is net is End.
Net is End, net is End
Horch, etz glaabmers: Der Dood is net is End.

III. Fodd ieberm großn Wasser

Ich und die Giddi vo Brugg

Völli blank in Barcelona drund, beim Wardn auf an Zuuch
Ich fiehlmi so speggi und zerrissn wie mei Dschiens.
Die Giddi dudd an Lasder stobbm, nu korz vorm Gwidderreeng
Der nimmd uns mid auf an langa Weech nooch Wien.
Und ich holl na mei HOHNER raus aus meim dreggin, roodn Beidl
Und ich spielsi sachd und die Giddi singd an Blues
Die Scheimwischer schloong in Daggd derzu und die Giddi glatschd middi Händ
Und mir drei singa alla Lieder, die wu der Lasdwoongfohrer kennd.

Frei sei haßd, daßd nix mehr hasd
Des wudder weh däd zer verliern.
Nix zer hoom haßd: weng verliern
Obber die Freiheid grieng.
Middam herrlin Gfiehl hobbi gsunga
Midder Giddi in meim Arm.
Und des Gfiehl, des woor mei Stiggla Gligg
Mei Stiggla Gligg midder Giddi vo Brugg.

Vo die Hailänds bis zur Stieflspitz, am Sandstrand und im Reeng
Die Giddi, die woor mei Herz und die woor mei Seeln.
Worschdegool wos los woor, Mensch, worschd auf wos fiern Weech
Die Giddi, die hadd mir a Wärm geem fier mei Leem.
Obber nacherd in Herziaura dreem, doo issi vommer fodd

Is stifdn ganga und haddsi nei oozerfanga gedraud.
Obber all mei Dooch, wu nu kumma, die däd ich
heergeem doo derfier:
Die Giddi nummoll spiern, so waach und haaß und
Haud an Haud!

Frei sei haßd, daßd nix mehr hasd
Des wudder weh däd zer verliern.
Nix zer hoom haßd: weng verliern
Obber die Freiheid grieng.
Middam herrlin Gfiehl hobbi gsunga
Midder Giddi in meim Arm.
Und des Gfiehl, des woor mei Stiggla Gligg
Mei Stiggla Gligg midder Giddi vo Brugg ...

Im Bohnhofs-Hotel

Mir sinn midnanner aufs Zimmer, hamm in Riegl vor die Dier
Die Musigg hammer keerd, die laudn Bäß, des Glawier
In der Gneibm drund des Gebläg, und den Radau vom Ranschiern
Von die Ziech.
Des woor der ganz Komfoor fier unner Middernachdsgligg
Ka Kerzn, ka Kellner, ka glassischa Musigg
A verstabbder Heizlifder, a glabbrerds Sammlerstigg
Aus der Zeid nu vorm Griech.

Ich wolld wos vill Schenners fier die erschd Nachd mid dir
Obber bloß im Bohnhofs-Hotel woor nu a Zimmer zu greeng
Des woor ka Balasd, der wu baßd hädd zu dir
Obber im Bohnhofs-Hotel woor is Gligg fier uns gleeng.

Am Himml woor a Lichd – a Fliecher auf seina Streggn
Der wussi neibrennd in die Nachd, wie a langsama Ziggareddn.
Die Lambm in der Straß und die Leid ihr Sillueddn
Dreem an der Wänd.
Es woor net grood sauber, net begweem, net adredd
A Stull und a Guß, und a wagglerds, gnatzerds Bedd
Und der Gschmagg vo denna Stundn, vo Roodwein und Bagedd
Und unner babberdn Händ!

Ich wolld wos vill Schenners fier die erschd Nachd mid dir
Obber bloß im Bohnhofs-Hotel woor nu a Zimmer zu greeng
Des woor ka Balasd, der wu baßd hädd zu dir
Obber im Bohnhofs-Hotel woor is Gligg fier uns gleeng.

Du missersd etz doo sei

Ich hobbs immer nunni gwaschn, mei Hoor
Du missersd etz doo sei
Ich heerder geern zu, wennsd reedn dusd
Und ich moogs, wennsdi einfach amoll falln läßd
Du missersd etz doo sei
Ich siech an aldn Moo drund, wirrer ieber die Straß laafn dudd
Komisch, obber er sichd goor nämmer aus so wie a richdicher Moo
Ich waaß, des is der Laaf vodder Weld, daßmer Glanz und Gräfdn hamm
Und am End blabbd bloß nu der Staab und der Schaddn dervoo

Die Sunna brichd etz durch die Wolgn
Du missersd etz doo sei
Ich siechdi geern dooleeng, wiesd schläffsd
Und ich moogs, wennsdi einfach amoll falln läßd
Du missersd etz doo sei
Ich siech an Gardn, zu dem wurri geern noogfohrn wär mid dir
Mer sichd is Land schee drundn leeng, alles in Flaum und Flor
Der Wind drin im Weinstogg, der woor scho mei Freind, wirrer bei uns Kinner doo woor
Ich heer etz sei leisa Stimm aus die ganzn Summer dervor

Alles änderdsi und nix blabbd wies is
Ich waaß nu, wiesd doo woorsd
Manchmoll machermer bloß nu Sorng
Und manchmoll lassermi einfach amoll falln
Ich waaß nu, wiesd doo woorsd
Die Dooch, die droong Nooma und hamm Zohln

Bloß sie kumma nämmer zurigg zu dir
Die Dooch, die sinn wie Kinner
Die wern immer älder und na wernsi zu Johr
Am End doo genners ihr eigna Weech
Und kanner waaß, wuhie dassi alla fiehrn
Sie spieln mid uns fier a bestimmde Zeid
Und witzblitz na sinnsi fodd und naus zu der Dier

Die Rosn

Mancha soong, die Liebe is a Wasser
Mer dersaufd drin in ihr Fluudn.
Mancha soong, die Liebe is a Messer
Des läßd dei Seeln bloß bludn.
Mancha soong, die Liebe is a Hunger
Im Fleisch drin, a eewicher Dorn.
Ich sooch, die Liebe is a Blumma
Und du ihr aanzigs Soomakorn.

Doo is des Herz, wu Angsd hadd zu zerbrechn
Des lernd nie, wimmer danzd.
Doo is der Draum, wu Angsd hadd, dasser rum is
Der wu nie heerd: Ja, du kannsds!
Doo is aans, des werd nie gnumma
Drum kanns aa niemools geem.
Doo is die Seeln, wussi ferchd vorm Sterm
Die verstehds aa nie zu leem.

Is die Nachd ganz schreggli einsam
Und dei Weech arch lang und schlechd
Wennsd na maansd, die Liebe is bloß wos
Fier Gliggsbilz und dolla Hechd
Na vergeß net, daß dief im Winder
Underm kaldn, fesdn Schnee
Aa der Sooma lichd fiers Friehjohr
Fier die Rosn, starg und schee.

Zeid innam Fläschla

Kennerdi die Zeid aufheem innam Fläschla
Na wär des erschde, wossi na däd
Dassi all mei Dooch aufheem däd
Bis a Eewichkeid rumganga wär
Dassi eewich bloß Zeid hädd fier dich

Wenn des gennerd, daß mei Dooch eewich dauern
Daß mid mei Wörder a Wunsch wohr wern kennerd
Na dädermer jeedn Dooch aufheem wie an Schatz
Und na dädin amoll ausgeem mid dir

Obber des gibbd niemools gnuuch an Zeid
Daßd die Sachn maggsd, wusd machn dädsd
Wennsd bloß die Zeid häsd

Heid waaßi aans, und des is wergli wohr
Du bisd der Mensch, wu zummer kern dudd
ganzergoor

Wenni a Schachdl hädd mid lauder Wünsch drin
Mid wossi draam, wos goor nunni wohr worn is
Die Schachdl wär na leer, wall bloß die Erinnerung
drin wär
An die Dooch, wurri zamm woor mid dir

Obber des gibbd niemools gnuuch an Zeid
Daßd die Sachn maggsd, wusd machn dädsd
Wennsd bloß die Zeid häsd

Wennerdi needi hädd

Wennerdi needi hädd
Wärsd na doo fier mich?
Wärsd na doo fier mich
Mid am Droosd fier mei Herz?
Ich wär doo fier dich
Ich pfeiferd auf jeedn Siech
Ich däder helfn in deim Schmerz.

In die schlimmsdn Nächd
An die schennsdn Morng
Voller Lichd und Wärm
Ohna Ketz und Sorng
Uns frierds nooch der Sunna
Wemmer nix mehr sehng
Wemmer nix mehr hamm
Wummer braung und meeng.

Mei Maadla stehd zu mir
Scho seid der erschdn Stund
Mei Händ, die kerd etz ihr
Und aa mei Mund.
All mei Kumbl soong
Sie is wunderboor
A Schatz fier an Moo
Fier den, wu nix guud woor.

Wennerdi needi hädd
Wärsd na doo fier mich?
Wärsd na doo fier mich
Mid am Droosd fier mei Herz?
Ich wär doo fier dich
Ich pfeiferd auf jeedn Siech
Ich däder helfn in deim Schmerz.

Hammwärds fohrn

Ich hogg etz in dem Rasdblatzgschrei
Und glotz alls in die Stau-Nachd nei
All Dooch mussi auf Achse sei
Und midmachn bei dera Hetzerei
Mei Hirn, des is wie a aanziä Brei
Mir langd etz die ganz Lumberei!

Hammwärds fohrn
Ich wolld, ich kennerd hammwärds fohrn!
Hamm, wu mei Kopf sei Ruh hadd
Hamm, wurri mei Musigg spieln kann
Hamm, wu mei Schatz auf mich ward
Wu mir uns nacherd nooleeng denn.

Jeedn Dooch die gleiche Woor
Alles kummdmer saumäßi sinnlos vor
Mir woorn des schennsde Liebesboor
Heid sinn unner ganzn Gfiehle goor
Des lichd aa an mir, des is scho gloor
Drum mussi fodd etz, volles Rohr!

Hammwärds fohrn
Ich wolld, ich kennerd hammwärds fohrn!
Hamm, wu mei Kopf sei Ruh hadd
Hamm, wurri mei Musigg spieln kann
Hamm, wu mei Schatz auf mich ward
Wu mir uns nacherd nooleeng denn.

Heid nachd, doo singi die aldn Lieder
Ich denk an frieher und freimi drieber
Bloß rum is rum, etz issi zu, die Dier
Mei Kinner welln nix mehr wissn vo mir
A Familie simmer bloß nu am Babbier
Ich sehnmi etz ganz arch nooch dir!

Hammwärds fohrn
Ich wolld, ich kennerd hammwärds fohrn!
Hamm, wu mei Kopf sei Ruh hadd
Hamm, wurri mei Musigg spieln kann
Hamm, wu mei Schatz auf mich ward
Wu mir uns nacherd nooleeng denn.

Bloß weecher denna drei Dooch

Du saggsd, ergndwos werd immer zwischer uns steh
Unner Dooch sinn voller Stunk und Spinnerei
Riesicha Spinna grieng ieber mein Bildscherm
Und under meina Haud nisdnsersi ei
Dunkla Viecher ziehngmer durch mei Herz
Ihr Zäh kiefn droo rum an mei Gnochn
Mid haaler Haud kummi doo nämmer dervoo
Wennsmi net auffrißd, na werri derstochn

Hasdmi bloß hoom wolln
Weecher denna drei Dooch?
Hasdmi bloß brauchd
Weecher denna drei Dooch?
Sooch, hasdmi doomools bloß gsuuchd
Weecher denna drei Dooch?
Bloß weecher drei Dooch?
Drei lumberda Dooch?
Drei wunderboora Dooch ...

Du hasd gsochd, mid uns kennerd wos geh
Unner Dooch finna vielleichd a langa Nachd
Wer solldn des ganz Deooder versteh?
Wos hammern die ganzn Stundn etz brachd?
Du gehsd deiner Weech und ich steh mein Mann
Die Leid reengmi auf, des Schennsde is bassee
Du steggsdmer in die Gnochn, etz riggsdmi goor
zamm
Wennsner ball vergennerd, na kennerdis vielleichd
iebersteh

Hasdmi bloß hoom wolln
Weecher denna drei Dooch?
Hasdmi bloß brauchd
Weecher denna drei Dooch?

Sooch, hasdmi doomools bloß gsuuchd
Weecher denna drei Dooch?
Bloß weecher drei Dooch?
Drei lumberda Dooch?
Drei wunderboora Dooch ...

Es gibbd a Bedd

Es gibbd a Bedd, wu ich mei Dooch beend
Und droodenk, wurri gweesn bin, und wos gweesn is.
Es gibbd a Bedd, wu alla Sorng vergenn
Mei Einsamkeid, mei Zeid mid dir, des ganze Gfredd mid dir.

Es gibbd a Bedd, wu unner Lusd groß woor
Des woor die Wuchd, sedda Nächd kumma nämmer vor.
Mir hamm gstriedn ieber lumberds Zeich
Im Schloof gedrennd, a Wänd zwischer jeedn seina Seidn.

Es gibbd a Bedd, wummer is erschd Moll zammgleeng sinn
Und Fleggn sinn bliem, daßmers uns mergn denn, wie schee daß woor.
Die hardn, die waachn, die schwaaßnassn Nächd
Mir hamm a Burch uns baud, und woorn am Durm ganz oom droom.

Es gibbd a Bedd, doo drin wermer ald und gluuch
Ob Luuch und Druuch, ob wohr und guud, mir hamm na gnuuch.
Des Leinaduuch is a Oofang und a End
Geborn und gwerchd und gstorm, bis a Ruh is na mid unner Händ.

Es gibbd a Bedd, doo liechi nächdlang wach
Und denk an mei Zukunfd, und vergeß mei Sach.
Mei Bedd is a Bood, des fährd am Meer
Ich haldmi na am Masdn fesd, dassi net mid undergeh.

Obwolli spier, wirri mei Johr verlier
Die Sorng, die bleim, und die Dooch, die scheena, die vergenn.
Es gibbd a Bedd, des is mei Schutzgebied
A Bedd, wu mei Dooch na endn denn.

Es gibbd a Bedd, wu ich mei Dooch beend
Und droodenk, wurri gweesn bin, und wos gweesn is.
Es gibbd a Bedd, wu alla Sorng vergenn
Mei Einsamkeid, mei Zeid mid dir, des ganze Gfredd mid dir.

Dei kalds, kalds Herz

Ich wolld dir bloß des aane zeing: Daß du mei Draumfraa bisd
Obber du, du maansd, ich siech bloß mich, und daßd an Drigger griggsd
Dei aldn Dräna drenna uns, dei eewich alder Schmerz
Ich kann dei Zweifl nie verdreim, du pfäldsd dei kalds, kalds Herz

Doo woor a Moo, der haddi bedroong, der haddi sugoor gschloong
Und drum muß ich derfier bezohln, obwoll ichs goor net woor
Im Zorn doo sochdmer groba Woor, na gibbds an Riesn-Derz
Ich werr dei Zweifl nie verdreim, du pfäldsd dei kalds, kalds Herz

Du glabbsdmers net, wie schlimm des is, zu sehng, wiesd greinsd und glotzd
Ich waaß, du mechersd mich aa liem, du Diggkopf mid deim Drotz
Wos rennsdn bloß dervoo vom Gligg? Du waßd, wers oobaggd, dem kerds
Obber ich kann dei Zweifl nie verdreim, du pfäldsd dei kalds, kalds Herz

Ich hobb amoll a Zeidlang gmaand, ich kennerd dich nu grieng
Bloß heid doo waaßi aans ganz gwieß: Du läßd dich goor net liem
Je mehr, daß ich dich hoochziehng will, desdo mehr gehds nunderwärds
Ich kann dei Zweifl nie verdreim, du pfäldsd dei kalds, kalds Herz

An seggsseidichn Brief

Sie läßd nix vonsi heern
Sie schrabbdmer net
Sie rufd net oo am Dellefoon
Ich hobbera gschriem
An seggsseidichn Brief
Obber vo dera heerdmer kann Doon

Ich muß middera reedn
Obber net iebers Wedder
Ich hobbsi doch so arch gmechd, so arch
Die blauderd doch so gern
Am libbsdn ieber Glaader
Die is nu der Noogl zu meim Sarch

Des woor net richdi
Ganz egool wossi sächd
Manchmoll issi so falsch
Die Weld is so schlechd

Ich hobbsi midgnumma auf a Baddi
Zu meim besdn Freind
Mid dem haddsi na danzd, die ganz Nachd danzd
Ich hogg ganz allaans derhamm
Wissi rumziechd und rumstreind
Am annern Dooch kummdsi na widder oogwanzd

Des is net richdi
Ganz egool wossi sächd
Manchmoll issi so falsch
Die Weld is so schlechd

Ich waaß, daß alles aus is
Des hadd alles kann Sinn
Mir kennerdn obber guuda Freind bleim

Ich dädi weider gern hoom
Bissi mei Aung zumachn du
Solang kennerdmer guuda Freind bleim
Brobiermers, kumm brobiermers, daßmer guuda
Freind bleim
Ich moochdi doch so arch, so arch
Du bisd doch der Noogl zu meim Sarch

Fodd ieberm großn Wasser

Mei Fraa is fodd und ich frooch mich worum
A Schlooch auf nichdern Moong
Wie a mords Schuß am heidern Himml droom
Fodd ohna wos zu soong
In der Frieh bevor die Keeder belln
Bevor die Sunna aufganga is
Issi noo zudder Bushaldestell
Fodd zum Fliecher, der wu ganga is

Hoggn glassn in mei Dräna haddsmi
Mid unnerm glanna Maadla
Des Meer is weid und dief und kald
Sie is fodd ieberm großn Wasser

Die Gerschdn stehd stolz aufm Agger
Des Gwidder brichdera des Gnagg
A bidders Herz, des kennd ka Freid
Ka Liem und aa ka Ehrlichkeid
Wie a Eidechs schleichdsi mir durchs Blud
Ihr Aung sinn schwarza Gräha
Unner Brood woor gnuuch, der Wein so guud
Des Wiesla werd etz kanns mehr mäha

Hoggn glassn in mei Dräna haddsmi
Mid unnerm glanna Maadla
Des Meer is weid und dief und kald
Sie is fodd ieberm großn Wasser

Unner Maadla greind und der Dooch is rum
Die Bammer biengsi voller Blooch
Im Wind seim Lied, im Reeng seim Schloong
Doo heeri meinera Fraa ihr Geglooch
Sie schreid nooch ihrm glanna Maadla
Sie schreid aa nooch ihrm Moo

Greina duddsi wilda Wasser
Doo hänga unner Lebdooch droo

Hoggn glassn in mei Dräna haddsmi
Mid unnerm glanna Maadla
Des Meer is weid und dief und kald
Sie is fodd ieberm großn Wasser

Fodd

Fodd
Wie mei Moonerdslohn
Fodd, fodd, vorbei!
Fodd
Wie mei Johreswoong
Fodd, fodd, vorbei!
Fodd
Wie die Grappa pur
Fodd, fodd, vorbei!
Fodd
Wie mei Draumfigur
Fodd, fodd, vorbei!
Mei Maadla is sauweid fodd!

Fodd
Wie die ehrlin Leid
Fodd, fodd, vorbei!
Fodd
Wie meim Scheff sei Freid
Fodd, fodd, vorbei!
Fodd
Wie mei Hobelbänk
Fodd, fodd, vorbei!
Fodd
Wie unner Hochzerdsgschenk
Fodd, fodd, vorbei!
Mei Maadla is sauweid fodd!

Fodd wie is Schaddnspiel
Dord an der Wänd
Vo unner Händ.
Fodd wie is Kerzenlichd
Wummer zammgleeng sinn

So waach und haaß.
Fodd wie ihr letzder Bligg
Des falsche Stigg
Ich werr verriggd!
Fodd
Wie mei ganza Woor
Fodd, fodd, vorbei!

Fodd
Wie des Fäßla Wei
Fodd, fodd, vorbei!
Fodd
Wie mei Fiehrerschei
Fodd, fodd, vorbei!
Fodd
Wie mei Zäh und Hoor
Fodd, fodd, vorbei!
Fodd
Wie unner ganza Woor
Fodd, fodd, vorbei!
Mei Maadla is
Mei Maadla is
Mei Maadla is sauweid fodd!

Kumm geh und grieß mei Maadla

Ich hobbn heid frieh an der Bohnstregg gfunna
Ich hobb gsehng, der Kerl woor halmi gstorm
Ich hobbmi noognied und hobbna zukorchd
Und hobb keerd, wosser am End nu loswern hadd wolln

Er hadd gsochd, dasser eigsperrd woor im Ausland
Zehn langa Johr hadder gebießd fier sei Schuld
Etz wollder hald widder hamm nooch Burchhaslach
Zu seim Maadla und seim Buum, den wurrer nunni kennd

Geh und grieß mei Maadla, sooch, daßders maggsd, heersd
Nehmner mei ganz Geld doo, soochera des is fier scheena Glaader
Sooch meim Buum, sei Vadder is immer beina
Kumm, verspriggsmer, kumm geh und grieß mei Maadla

Horch, soochera Dankschee, dassi gward hadd aufmi
Sooch meim Buum, dasser seina Mudder helfn soll
Sooch meim Maadla, sie sollsi an guudn Moo suhng
Wall des Allaasei, des machd des Faß goor voll

Schau, doo is mei Daschn mid meim ganzn Geld drin
Des langd net eewich, obber es hilfd scho fier a Waal na
Goddseidank hasdmi gfunna in aller Frieh doo
Horch, verspriggsmer, heersd, daßd noogehsd zu meim Maadla

Geh und grieß mei Maadla, sooch, daßders maggsd, heersd
Nehmner mei ganz Geld doo, soochera des is fier scheena Glaader
Sooch meim Buum, sei Vadder is immer beina
Kumm, verspriggsmer, kumm geh und grieß mei Maadla

Die Rosn ausm Grund

Ich woor zuerschd in Neistadd droom
Und wolld hald a Gaudi hoom
A Maadla hobbi na droffn dord
Die hadd gstrohld wie Gold und Groom.
So rood ihr Libbm und gree ihr Aung
Ich woor drookängd an ihrm Mund
Ihr Nooma, der woor Flora
Die Rosn ausm Grund.

Wie narrisch binnera noochgstieng
Hobb koffd, ich kennerds greeng
Na haddsi obber an annern droffn
Bei dem Kerl, doo woors na gleeng.
Sie haddmer all mei Gräfdn gnumma
Ich finn ka ruhicha Stund
Ach, schleichdi, mei scheena Flora
Du Rosn ausm Grund.

Dord droom im schaddin Wäldla
Doo hobbin gsehng, ihrn Kavalier
Der hadd gredd mid der scheena Flora
Und woor zärdli dord zu ihr.
Und wossi zu dem Kerl gsochd hadd
Des richdmi ganz zugrund
Sie hadd mich bedroong, die Flora
Die Rosn ausm Grund.

In mir woor alles Zunder
A Feier in meim Kopf
Ich hobbn na am Groong baggd
Sei Gralln woorn in meim Schopf!
Mei Messer hobbi rauskolld
Hobbn derstochn na, den Kund

Obber sie woor fodd, mei Flora
Die Rosn ausm Grund.

Etz stehi vor meim Richder
Mei Sach, die stehd net guud
Mei Leem, des is vergidderd
Mei Schuld driggd wie a Druud.
Des Luder kosdmer mein Verstand
Ich finn ka ruhicha Stund
Obber eewich lieb ich bloß mei Flora
Mei Rosn ausm Grund.

Summerdooch in Franken

Demmer uns dreffn dord am Land draus
An dem Summerdooch in Franken
Demmer uns dord na dreffn?
Mir denn noofohrn na nooch Käsdl
An dem Summerdooch in Franken

Hasd du nu nie wos keerd
Vom Wassermann und vom Adam Scharrer?
Sooch, hasd du nu nie wos keerd
Vom Jakob Wassermann und vom Adam Scharrer?
Die sinn rumzoong dord in Käsdl
Dord am Weiherdamm
Der Scharrer und der Wassermann

Demmer uns na dreffn dord am Land, dord im gräfdin Groos
An dem Summerdooch in Franken
Demmer uns dord na dreffn?
Mid deim glatschroodn Glaad auf deina seidin Haud
Mid dem gluudroodn Glaad auf deina seidnwaachn Haud
Demmer uns dord na dreffn?

Hoch, hasd du schommoll wos keerd
Vom Vogelweide und vom Eschenbach?
Im Summer draus am Land dord
Dord sinns rumzoong an dem Summerdooch in Franken
Demmer uns dord na dreffn drund bei Windsbach?
Du kannsdmi dreffn dord bei Windsbach
Dord straafmer na rum
Drund beim Barzifal
Dord beim Burchstall und beim Engelsgroom
Am Land draus dord in Franken

Und dei feierroods Glaad schmiechdsi noo an dei
Haud
Dei glatschroods Glaad dudd leichdn
Und mir ziehng drundn rum beim Barzifal
Dord beim Burchstall und beim Engelsgroom

Dädsdmi dord na dreffn draus am Land
An dem Summerdooch in Franken
Dädsdmi dord na dreffn?
In der Kerng vom Heilichn Martin
Drund beim Barzifal

Himmlischa Aungbligg!
A wohra Brachd und zum Gligg
Woori bei dir gleeng, bei meim Brachdstigg

Dei Mandl woor fleggerd, oogwetzd und ald
Du hasdn a halba Eewichkeid scho kabbd
Und dei Aung hammer zeichd, daßder wos weh dudd
Und wohlia Lieder woorn in der Lufd
Die Stimm vom Van Morrison is riebergfloong zu uns
Und unner Seeln, die hadd gsunga

Allmächd, mei Moochera in dem oogwetzdn Mandl
Mid dem Lichd in deim Kopf
So mächdi und voller Wärm
So wimmers mooch
Du liggsdmer am Herz
Ach, mei Moochera, wiesd leichdn dusd und wiesd
strohlsd
Wiesd leidn dusd und wiesd schausd

Kumm, machmer uns aufn Weech
Machmer uns aufn Weech nunder zum Barzifal
Ach, mei Moochera mid dem oogwetzdn Mandl
Mid dem Lichd in deim Kopf

Wersd sehng, dei Schmerz, der werder zum Seeng
Kumm, machmer uns aufn Weech noo zum Barzifal
Und na wersd scho sehng
Es gehd net um des eewiche Worum? Worum?
Worum?
Alles is bloß, wies is
Wies hald is, so is
Ja, so is

Wersdmi dreffn dord am Land draus
Wersd midmer zammsei dord im diefn Groos?
Draus am Land dord an dem Summerdooch?
Wersd midmer zammsei dord im waachn Groos?
Du mid deim glatschroodn Glaad
Feierrood auf deina seidnwaachn Haud
Mid deim Gsichd wie vom Riemenschneider
gschnitzd
Mei Muscherla aufm Jakobsweech
Scho der Jean Paul, der hadd vo dir gschwärmd
Der Rückert hadder Gedichde gschriem
Und der Pfeiferhans und der Kaspar Hauser
Alla sinnsder noochgloffn

Hasd schommoll wos keerd
Vom Scharrer und vom Wassermann
Die sinn rumzoong dord am Weiherdamm
Laß dei roods Glaad etz roofalln
Und na danzmer dord am Weiherdamm
Laß dei Glaad ner noofalln etz

Wersdmi dreffn drund beim Barzifal
An dem Summerdooch in Franken
In der Kerng vom Heilichn Martin
Hasd schommoll keerd, daß doo der Heiland woor
Dasser doo gloffn is, drund beim Barzifal
In der Adamshaud aufm Jakobsweech?

Kannsders spiern, des Lichd in Franken
Spiersd des Lichd in Franken?

Allmächd, mei Moochera mid dem Lichd in ihrm Kopf
In ihrm oogwetzdn Mandl
Wosder weh dudd, des werder zum Seeng
Kumm, machmer uns aufn Weech
Ach, mei Goldstigg, mei Scheena
Mid deim Lichd und deina Brachd
Drund beim Barzifal
Dord beim Burchstall und beim Engelsgroom
Mei Moochera
Mei Droochera
Mei Scheena, mei Greena
Mei Schmuggstiggla im Sunnagligg
Machmer uns aufn Weech
Du wersd na scho sehng
Es gibbd ka Worum, Worum
Alles is bloß, wies is

Ach, mei Gloochera
Mid dem Lichd in deim Kopf
Dei Mandl is a wohra Brachd
Mei Moochera, wersd sehng
Wosder weh dudd, des werder zum Seeng
Es gibbd ka Worum, Worum
Alles is so, wies is, weider nix
Alles is hald, wies is

Sooch, kannsders spiern etz, des Lichd doo
An dem Summerdooch in Franken
Doo beim Burchstall und beim Engelsgroom
In der Adamshaud aufm Jakobsweech?

Kumm, gemmer zudder Kerng in deiner Seeln
Zu dem Brunna, droom in der Heh

Ach, mei Moochera, mei Gloochera
Mei Leidwesen, mei Lichdfraa
Leech dein Kopf auf mei Schuldern
Mei Scheena
Und horch, wie alles still werd
Wie alles still is
Kannsders spiern etz, wies still is?
Kannsders spiern etz, des Lichd in deina Seeln?
Spiersders, wies still is?
Spiersders?
Spiersders?

IV. Scheena Gschichdn

Ich bin a Buu

A Maadla hadd kaaßn »Ann-Kathrin«
A annersch glanns Maadla haßd »Pascal-Jacqueline«
A annersch glanns Maadla woor die »Mary-Lou«
Is ferde woor ich, und ich bin a Buu!

Ich bin der Willi und ich hobb an Schlooch
Ich bin so häbbi, wenni amoll a Hosn drooch
Ständi glatschdmer aans a Mäik-ab in mei Gsichd
Etz hobbi nu Dauerwelln und Dammbong grichd!

Ich bin a Buu! Ich bin a Buu!
Bloß mei Mama wills net glaam!
Ich bin a Buu! Ich bin a Buu!
Wenni sooch, ich bins, na glaabmers hald aa!

»Ziech dei Glaad oo, Ann-Kathrin!
Schmingder is Gsichd, Pascal-Jacqueline!
Lagierder die Neegl, glanna Mary-Lou!
Droochner Zöpf und Keddle, mei glanner Buu!«

Ich meecherd Fußball spieln draußn auf der Wiesn!
Meecherd Fohrrood fohrn und mid Bisdooln
schießn!
Mid Messer spieln und zindln drinna im Verstegg!
Meecherd hammkumma ganz in Dregg und Spegg!

Ich bin a Buu! Ich bin a Buu!
Bloß mei Mama wills net glaam!
Ich bin a Buu! Ich bin a Buu!
Wenni sooch, ich bins, na glaabmers hald aa!

Im Summer mein Blues

Ich hollmer etz a Fläschla, wall sunsd griechi glei mein Koller!
Ich ärwer in ganzn Summer doo am Bau als Broodzeidholler.
Etz neili woori beim Scheff, hobbn gsochd, wies um mich stehd.
»Hobb, schleichdi!« sächder: »Schau bloß, daßd wos ärwersd! Du maansd gwieß, ich bin bleed?«

Manchmoll mussermi wunnern, ieber die Leid ihr ganz Geduu.
Ich waaßmer net zu helfm, wall ich griech im Summer mein Blues.

Mei Vadder haddmer breedichd: »Bei mir is etz der Ofen aus!«
Etz griechi vonna goor nix mehr, etz schmaßdermi ball naus.
Na binni net auf Ärwerd, hobb in Scheff gsochd, ich hobb die Mumbs.
»Ich scheißder wos!« sächder: »Schau bloß, daßd auf die Baustell kummsd!«

Manchmoll duddsmi garschdi fuggsn, denna ihr ganz Geduu.
Ich waaßmer net zu helfm, wall ich griech im Summer mein Blues.

Etz machi zwaa, drei Wochn blau, ich muß etz auf a Insl!
Mich nerfd des ganze Rumgewerch, die Leid ihr ganz Gewinsl.
Neili froochi so an Bolliddigger, obbersi eisetzn däd fier mich.

»Ich kennerder ja helfn«, sächder, »wenni a
Bardeispend von dir griech!«

Manchmoll kotzdmi alles on, die Grämpf und des
ganz Geduu.
Ich waaßmer net zu helfm, wall ich hobb im
Summer mein Blues.

Ka Riggzuuch und ka Aufgeem

Mir sinn nausgstürmd aus der Schull
Hamm die Musigg aufdrehd in unnerm Karrn
Mir hamm vonnam gscheidn Lied mehra glernd
Wie vo die ganzn Lehrer ihrn Schmarrn!
Heid nachd doo heeri die Drommln schloong
Und mei Herz, des bumberd wie wild.
Du saggsd, du bisd mied und leegsdi aweng noo
Und schausd, wos dei Draum mid dir spilld.

Mir hamm uns des Aane gschworn
Die wern uns niemools greeng:
Es gibbd kann Riggzuuch und ka Aufgeem!
Wie Soldoodn in der Windernachd
Wussi gschworn hamm zu ieberleem:
Ka Riggzuuch und ka Aufgeem!

Die junga Gsichder wern drauri und ald
Und brennerda Herzn wern kald.
Wie Bech und Schwefel woormer ananner kängd
Heid griechi des Jungsei nummoll gschengd.
Ich heer deina Schwesder ihr Stimm
Wies rieberschreid aus eierm Karrn.
Kumm, mir baua uns unner eigna Weld
Mid dem Schloochzeich und denna Gidarrn!

Mir hamm uns des Aane gschworn
Die wern uns niemools greeng:
Es gibbd kann Riggzuuch und ka Aufgeem!
Wie Bludsbrieder in der stürmin Nachd
Wussi gschworn hamm zu ieberleem:
Ka Riggzuuch und ka Aufgeem!

In der Straß heid nachd doo is dusder und naß
Die Wänd derdriggdmi und die Deggn kummd
gfloong.
Drauß in der Weld doo fiehrns weider ihrn Griech
Sie soong, uns gehds aa ball an Groong.
Ich meecherd under am friedlin Himml schloofn
In meinera Libbsdn ihrm gmiedlin Bedd
Mid am weidn, offna Land in mei Aung
Und am Draum, der wu fesd zu mir kerd.

Mir hamm uns des Aane gschworn
Die wern uns niemools greeng:
Es gibbd kann Riggzuuch und ka Aufgeem!
Wie Bludsbrieder in der stürmin Nachd
Wussi gschworn hamm zu ieberleem:
Ka Riggzuuch und ka Aufgeem!

Gebrauchda Audo

Mei glanna Schwesder hoggd vorna drinna und
schleggd an ihrm Eis droo rum
Mei Mudder hoggd hindn drinna, so allaans und stumm
Mei Vadder fährd ganz vorsichdi raus aus der Garaasch
Fier a Brobefard noo zudder Heescherder Bagaasch

Mei Mudder fingerd an ihrm Ehering droo rum
Und schaud aufn Verkaifer und nimmdna wos grumm
Der schmarrd wos vo Brozende und sichd unner
graua Gsichder
Dem grissna Gribbl kerrerdn a boor Gscheida auf die
Lichder

Aans soocherder: Wenn ich amoll im Loddo gwinn
Na hogg ich in kann gebrauchdn Audo mehr drin!

Die Nachbern schaua alla her vom Straßnrand
Wimmer gfohrn kumma in unnerm Audo aus
zweider Hand
Ich wollerd, mei Vadder geeberd Vollgas und
bretscherd dervoo
Und schreierd: Ihr kenndmi greizweis! – so wie a
gscheider Moo

Mei Vadder haddsi sei Leem lang bloß in Orsch
aufgrissn
Mei Straß, doo wurri wohn, is heid nu genauso
beschissn
In der ganzn Geengd doo heerdmer uns rumbretschn
und huubn
Mei glanna Schwesder und ich, mir driggn vollstoff
auf die Duubn

Aans soocherder: Wenn ich amoll im Loddo gwinn
Na hogg ich in kann gebrauchdn Audo mehr drin!

Erndedankfesddooch

Kumm Vadder, geh hald ins Bedd na, es is scho späd
Etz is worschd, wosmer soong, schood um a jeeds Word
Kanner kann wos derfier, kanner kann nu wos doo
Morng in aller Frieh baggi mei Zeich und schleichmi fodd
Wall des Dunkl vo dem Haus hadd uns an gscheidn Drigger geem
Und des Dunkl vo dem Kaff hadd uns ganzergoor gschaffd.
Obber etz kennersmi alla!
Und aa du kannsdmi etz!
Mid mir machnsi des fei net
Wossi gmachd hamm alla mid dir.

Ich sooch Adee, wall Erndedankfesd woor
Heid woor Erndedankfesddooch, alla Soldoodn genna fodd
Adee midnanner, Erndedankfesd woor
Alla Zeddler beim Barrers missn etz fodd

Ich waaß aa net, wos doo immer woor mid uns zwaa
Mir hamm weng gredd, immer mibbm Kopf durch die Wänd.
Es is hald net ganga, is Haus woor zu glaa fier uns zwaa.
Ich glaab, mir woorn nix wie zwaa linka Händ

Ich sooch Adee, wall Erndedankfesd woor
Heid woor Erndedankfesddooch, des is nix fier mich
Adee midnanner, Erndedankfesd woor
Erndedankfesd woor, und ich woor nix fier dich

Die Gneibm drund is dichd und a Haufn Haiser stenna doo leer.
Kann aanzin sichdmer auf der Straß, ieberoll sinn Lecher im Deer.
Vill junga Leid sinn scho foddzoong vo doo
Und wer doobleim dudd, der hängd hald an seina Woor.
Mid aana Kibbm und an Fläschla stehder nachds allaans in seim Hof

Kumm Vadder, genner ins Bedd etz, du mußd frieh ball raus
Ganz egool wosmer soong denn, es kummd derbei nix mehr raus
Ball kumma ganz annera Leid ins Dorf, werschd sehng
Und die suhng aa a ganz annersch Leem
Und bisdi versiggsd, is alles fodd, des wummer so kennd

Drum machermi auf die Soggn, wall Erndedankfesd woor
Heid waaßi, wos du gwolld hasd, und wosd net soong hasd kenna
Kumm soongmer Adee, heid woor Erndedankfesddooch
Ich hädd nie denkd, daß mir uns so weh doo kenna

Meim Vadder sei Haus

Heid nachd hobbi draamd, ich woor widder a Kind
Drauß bei die Fichdn so gräfdi und wild
Ich woor widder aufm Hammweech durchn
finsderlin Wald
Und die Stiechnachd, die haddmi scho gralld

Mer heerd in Wind rauschn droom in die Kupfn
Und gspensdia Stimma wie aus am Verlies
Wie haddmer is Herz bumberd, wirri hammgloffn
bin
Wall der Deifl hadd scho herglangd nooch mei
glanna Fieß

Ich fetz durch die Bammer, und dord in der Nachd
Siechi meim Vadder sei Haus, und des leichd
wunner wie hell
Die Zweich und des Dornzeich zergratzmer mei
Woor und mei Haud
Ich bin na in sei Arm gfalln, wall mei Vadder woor
na zur Stell

Wirri aufgwachd bin, hobbi droodenkn gmißd, wie
mir aufnanner losganga sinn
Niemools därferd aan sowas vernanner bringa
Ich hobbmi na aufn Weech gmachd, noo zu meim
Vadder seim Haus
Hella Lichder hamm gschiena, und Leid woorn drin
am Singa

Ich bin zudder Hausdier und woor dord gstanna vor
der Schwelln
A Fraa mächd auf und duddmi musdern, als
kämerdi grood ausm Gnasd

Ich derzällera mei Gschichd, und worum dassi
herkumma bin
Doo sachds: »Naa, doo wohnd kanner mehr, der wu
so wie Sie haßd!«

Meim Vadder sei Haus leichd so himmlisch und hell
Wie wenns brennerd, wie a Feier nachds droom auf
der Heh
Des schreidmer und des wingdmer, so allaans und
so grell
Des leichd rieber auf mein Weech doo, wall unner
Schuld, die will net vergeh

Streifenbollizisd

Ich bin der Bernd Debert, ich ärber beim Stood
Als Bollizisd bisd immer voll derbei, und ich bin
scho auf Drohd.
Ich bin ehrli und dichdi, und ich hobb, wossi brauch
Ich hobb an Bruder, der haßd Frank, und der
Fränkie, der gibbd kann Dauch

Scho seiddeem mir junga Kerl woorn, woor des
immer des gleiche Spill
Es kummd a Ooruf und na haßds, daß der Fränkie
widder nix wie Ärcher will.
Wenns ergnd a annerer wär, dädin baggn und
steggerdn in Gnasd
Obber wenns dei eigner Bruder is, is gloor, daßd
widder a Auch zudriggd hasd

Ich und der Fränkie hamm glachd und hamm
drunkn
Mir sinn zammkängd wie ka annera Brieder!
Aaner noochn annern hammer danzd midder Maria
Des »Hirtenmaadla« und all die scheena Lieder.
Ich grallmern, wenner widder rumstreind und an
Scheiß baud
Wall wer sei eings Blud im Stich läßd, der Mensch
gibbd kann Dauch

Der Fränkie hadd des Saufn derschmeggd, doo
woorer bei der Bundeswehr
Ich hobb die Maria keierd, mir hamm gärwerd aufm
Bauernhof
Obber die Breise sinn gfalln und die Kosdn gstieng,
doo is uns is Lachn verganga
Wu der Fränkie auf Endziehung woor, doo hobbi bei
der Bollizei oogfangd

Ach, wie hamm mir zwaa glachd und drunkn
Mir sinn zammkängd wie ka annera Brieder!
Aaner noochn annern hammer danzd midder Maria
Des »Hirtenmaadla« und all die scheena Lieder.
Ich grallmern, wenner widder rumstreind und an Scheiß baud
Wall wer sei eings Blud im Stich läßd, der Mensch gibbd kann Dauch

Die Nachd woor wie alla annern, auf aamoll kummd a Meldung rei
Vo aana Schlächerei in aana Werdschafd, draußn in der aldn Fallmasderei
Doo woor a Kerl am Boodn dord gleeng, bludi sei ganz Gsichd und sei Hoor
Annam Diesch hadd a Fraa griena und hadd gsachd, daß des der Fränkie woor

Ich bin naus und nei in mei Audo und fodd in die Nachd
Mid Vollgas binnin noochgfohrn, und a boor Moll hädds beinoh grachd
Und bei Nämberch, dord bei dem Audobohngreiz
Doo siechi den Audi mid dera Nummer, und in Fränkie am Steier
Die ganz Nachd binnin nu noochgjoochd bis Kiefersfelden nunder
Mancha soong, dasser nu am Leem is, ergndwu im Südn dord drundn

Ach, wie hamm mir zwaa glachd und drunkn
Mir sinn zammkängd wie ka annera Brieder!
Aaner noochn annern hammer danzd midder Maria
Des »Hirtenmaadla« und all die scheena Lieder.
Ich grallmern, wenner widder rumstreind und an Scheiß baud
Wall wer sei eings Blud im Stich läßd, der Mensch gibbd kann Dauch

Ooschaua därfsders, obber oolanga därfsders net

Gesdern willi awengwos kaafn geh und schaumi im Kaufhaus um
Ich such a schnuggligs Drumm fier die Wänd in meina Stumm
Doo hutzi geechera Lambn, nix bassierd, ich will weider laafn
Der Verkaifer kummd und sächdmer: Wenns an Sprung hadd, mußders kaafn!

Ooschaua därfsders, obber oolanga därfsders net
Ooschaua därfsders, obber oolanga därfsders net
Mach kann Scheiß, sunsd hasd bloß a Gschiß, heersd!
Ooschaua därfsders, bloß oolanga –
Hasd keerd, oolanga –
Oolanga därfsders net!

Ich kumm hamm vodder Ärwerd und ich schald in Fernseh ei
Doo schaudmi a scharfa Bubbm oo, a richdigs Wahnsinnsdeil
Ich siegsi, wissi rumdudd, wissi grinsd und wossi sächd
Bloß die bringdmi net auf Duurn, wall ich fiehlmi richdi schlechd

Ooschaua därfsders, obber oolanga därfsders net
Ooschaua därfsders, obber oolanga därfsders net
Mach kann Scheiß, sunsd hasd bloß a Gschiß, heersd!
Ooschaua därfsders, bloß oolanga –
Hasd keerd, oolanga –
Oolanga därfsders net!

Na binni midder lusdin Lisa fodd, zum Rumlumbn
in die Stadd
Bei dera kummdmer leichd zum Zuuch, doo
kummdmer schnell in Fard
Mir woorn grood annam dunkln Blätzla im dampfin
Audo drin
Doo glopfd aans geechers Fensder und ich heer a
finsdra Stimm

Ooschaua därfsders, obber oolanga därfsders net
Ooschaua därfsders, obber oolanga därfsders net
Mach kann Scheiß, sunsd hasd bloß a Gschiß,
heersd!
Ooschaua därfsders, bloß oolanga –
Hasd keerd, oolanga –
Oolanga därfsders net!

Wenni sibbzich bin

Wenni na ald bin, ohna mei Hoor
So weid wech vo heid
Gibbsdmer du na nu an Geboddsdoogskuß?
Schiggsdmer Briefle, schengsdmer an Wein?
Wenni nachds rumziech bis in der Frieh
Is des na arch schlimm?
Wersdmi nu gern hoom
Wersdmi nu sehng meeng
Wenni sibbzich bin?

Du wersd älder wern
Und wennsdmer rechd schee kummsd
Hobberdi grood so gern!

Ich kennerder helfn, wenn wos net gehd
Wenn dei Glumb net läffd.
Du kannsd aweng striggn, wenn im Fernseh wos
kummd
Samsdooch kaafmer ei in am Gschäfd.
Mir hamm unnern Gardn, genna spaziern
Und hamm nu alla Sinn.
Wersdmi nu gern hoom
Wersdmi nu sehng meeng
Wenni sibbzich bin?

Jeden Summer fohrmer nunder in die Berch
Genna wandern, denna schee spoorn
Die Enkerle aa derbei
Eis und Geisderbohn.

Schiggmer a Kärdla, gibbmer Bescheid
Soochmer, wosd doo dervoo häldsd.
Erglärmer hoorgenau, wosd du derzu maansd
Wosder lieb wär, vo wos du nu draamsd.

Gibbmer a Andword, pfaldmi im Sinn
Du bisd mei Haubdgewinn.
Wersdmi nu gern hoom
Wersdmi nu sehng meeng
Wenni sibbzich bin?

Elfriede Rickert

Schauner, Mensch, lauder einsama Leid doo!
Schauner, lauder einsama Leid doo!

Elfriede Rickert glabbd die Blumma zamm in der Kerng
Wall doo woor grood a Drauung
Sie lebbd innam Draum
Schaud naus ausm Fensder und dächd a Gsichd
Wussi aufhebd bei der Dier
Innam Gloos
Fier wen isn des bloß?
Lauder einsama Leid doo, wu kummern die bloß her?
Lauder einsama Leid doo, wu welln denn die all hie?

Pfarrer Bechmeier schrabbd grood an seina Breedichd
Bloß die will kanner heern
Ka Mensch duddn steern.
Schauner, wirrersi oodudd, etz stopfder sei Strimpf
In der Nachd ganz allaans in seim Büro
An wos denkdern etz grood?
Lauder einsama Leid doo, wu kummern die bloß her?
Lauder einsama Leid doo, wu welln denn die all hie?

Schauner, Mensch, lauder einsama Leid doo!
Schauner, lauder einsama Leid doo!

Elfriede Rickert is gstorm in der Kerng und begroom worn
Ohna Gränz und Blumma
Ka Mensch is kumma.
Pfarrer Bechmeier wischdsi, wirrer wechläffd vom Groob
In Dreeg vo sei Händ

Ka Reddung am End –
Lauder einsama Leid doo, wu kummern die bloß her?
Lauder einsama Leid doo, wu welln denn die all hie?

Mid sibbzer

Mid sibbzer hobbi gmergd, wies läffd.
Daß is Liem wos is fier die lusdin Miezn
Mid die Moddl-Gsichder und Miss-Dschörmäni-Mooße
Die wussi aan gralln mid Zasder und Schliedn.
Mir hadd kanner heimli Briefle gschiggd
Ich hobb ka Blumma vo Verehrer grichd
Wall die, die hamm wos Schenners gwißd.
Mid sibbzer hobbis gmergd, wies läffd.

Mir Maadle mid Bigglgsichd und speggerda Baa
Mid Drimmer Spanga und mid strähnia Hoor
Mir sinn rumkängd derhamm und hamm bloß draamd
Vo starga Jungs am Dellefoon
Mid frecha Sprich fier unner Ohrn
Mid Händ, wu noolanga denn und fiehrn
Mid sibbzer häddi des gern gspierd, wies is.

Mid bleeda Glamoddn und am lätscherdn Gsichd
Hobbi in die Glotze gstierd und mei Griese grichd.
Mich hamms immer erschd zum Schluß verdaald
Bei der Mannschafdswohl beim Wolliball.
Ich hobb ka Briefle grichd und kann Zungakuß
Hobb ka Barieser kaffd und ka Kola mid Schuß:
Ich hobb doo dervoo bloß draama därfd.
Mid sibbzer hobbis gmergd, wies läffd.

Und mancha, maani, die hamm alles grichd
Ihr Bubbmhaus mid Kinner und Limmusiena.
Obber eines Doogs is nix mehr wichdi
Ka Garandie mehr und ka Seidngardiena
Na zohlns ihrn Breis fiers scheene Leem
Schändn, wall so scheidern, des därfs net geem
Und greina, wallsi nix mehr grieng und nix mehr pfaldn
Mid sibbzer häddnsi des nie fier meegli kaldn.

All zwaa Seidn

Welln und Wolln und Englshoor
Und a Eisgreem-Lufdschloß in der Heh
Und Daunaschluchdn, Kuschlwoor
So hobb ich die Wolgn gsehng.

Obber heid doo hängers vor der Sunna
Auf alla schmaaßns Reeng und Schnee
So vill hädd ich gern gmachd und gfunna
Obber Wolgn woorn mir doo im Weech.

Ich kenn voddi Wolgn etz all zwaa Seidn
Des Hie und Her, ihr Lichd und Schaddn
Ich hobb bloß draamd und nix kabierd
Mei Lebdooch in blaua Dunsd neigstierd.

Hoonichmond und Kärwaherzn
Der Märchnbrinz auf Roßmadratzn
Zergnuutschda Goschn, haaßa Händ
Mei Herz, mei Haud hamm richdi brennd!

Heid gehds obber aus an annern Fäßla
Männer gibbds wie Staa im Gäßla
Schlabbschwänz und Sprichbeidl ieberoll
Und jeder Doldi findsi subberdoll!

Ich kenn vom Liem etz all zwaa Seidn
Is Geem und Greeng, Verliern und Streidn
Ich hobb bloß draamd und vill verhunzd
Vom richdin Liem kann blassn Dunsd.

Moo und Haus mid großa Zimmer
Stolz sei kenna auf mei Kinner
Scheena Glaader und Fesde geem
So hobbi draamd vom künfdin Leem.

Obber die aldn Freind sinn komisch worn
Mir hamm so vill, und so vill verloorn
Hamm weng zu soong, vill Streß und Sorng
Und maana alles werd annerschd morng.

Ich kenn vom Leem etz all zwaa Seidn
Gewinn und Verliern, und harda Zeidn
Ich hobb bloß draamd und vill verschwitzd
Vom richdin Leem waaßi immer nu nix!

Ich kenn vom Leem etz all zwaa Seidn
Is Auf und Ab, oh Herrschafdszeidn!
Ich hobb bloß draamd und vill verschwitzd
Vom richdin Leem waaßi immer nu nix!

Der Hund in der Pfanna

Mei Kind is geborn grood vor a boor Dooch
Die Gebord hadd geglabbd, so wimmers hald mooch
Obber doo woor Ärwerd grood gnuuch und Schuldn zu zohln
Is Laafn hadder glernd, doo woori auf Mondaasch in Booln
Und der hadd blauderd bevoris gmergd hobb mid neia Schuh
Und hadd gsachd: »Ich werr amoll so wie du, Vaddi!
Wall waßd, ich werr amoll so wie du.«

Und der Hund in der Pfanna und der Häggelmoo
Belzermärdl, sooch, wos raschld im Stroh?
»Wenn kummsdn hamm Vaddi?« – »Ich waaß doch net.
Obber ganz ball, mach a Wedd, Buu!
Na hammer in ganzn Dooch kombledd, du!«

Mei Buu is scho zehn, aus Kinner wern Leid
Er froochdmi: »Spielmer a weng Fußball, hasd a weng Zeid?
Demmer Doorwandschießn?« Ich sooch: »Net heid!
Ich hobb Dermien vor mir.« Er sächd: »Schood derfier!«
Und na läffder dervoo, und freidsi drotzdem gscheid
Und sächdsi: »Ich will amoll so wern wie er doo!
Ganz gwieß, amoll so wern wie er!«

Und der Hund in der Pfanna und der Häggelmoo
Belzermärdl, sooch, wos raschld im Stroh?
»Wenn kummsdn hamm Vaddi?« – »Ich waaß doch net.
Obber ganz ball, mach a Wedd, Buu!
Na hammer in ganzn Dooch kombledd, du!«

Etz hadder sein Abschluß und verdiend a scheens Geld
Er schaud schneidi aus, dem kerd etz die Weld
»Mensch, bin ich stolz auf dich, kumm laßder gradduliern!«
Doo isser scho fodd und dudd bei Freind dabbeziern
»Ich braicherd dein Kombi, Vadder, wu sindn die Schlissl?
Dein Wergzeichkasdn? Wu hasdn die Schlissl?«

Und der Hund in der Pfanna und der Häggelmoo
Belzermärdl, sooch, wos raschld im Stroh?
»Wenn kummsdn hamm Vaddi?« – »Ich waaß doch net.
Obber ganz ball, mach a Wedd, Buu!
Na hammer in ganzn Dooch kombledd, du!«

Ich bin lang scho in Rendn, mei Sohn wohnd weid wech
Mir rufn uns oo und ich zohlna die Zech
Ich sooch: »Ich dädi gern sehng und länger amoll sprechn.«
Er sachd: »Vo mir aus gern, Vadder, obber die Zeid is schlechd.
Auf der Ärwerd is die Hölle los, die Kinner hamm Streß.
Des is alles net so einfach, waßd du des?«
Und wirri in Hörer aufleech, doo gibbdsmer an Stiech:
Er is wergli so worn wie ich, Mensch
Mei Buu is so worn wie ich!

Und der Hund in der Pfanna und der Häggelmoo
Belzermärdl, sooch, wos raschld im Stroh?
»Wenn kummsdn hamm Vaddi?« – »Ich waaß doch net.
Obber ganz ball, mach a Wedd, Buu!
Na hammer in ganzn Dooch kombledd, du!«

Blassdiggblumma

Du dusd widder wunner wie schee und hoggsd in deim schiggn Kannerbee
Und du reddsd mid gscheida reicha Leid, die wu alla kenna
Ich hoff, du siggsd mei Kumbl nie, mir wärn ja vill zu lumberd fier dich
Obber du waßd ja, daß ich net so gern allaans rumhäng

Ziechmi roo, mei scheena Susi, ziechmi roo
Du bisd die Könichin mid deina ganzn Woor
Schiggmer Blassdiggblumma frieh um siema
Schiggmer Blassdiggblumma midder Bosd
Schiggmer Blassdiggblumma zudder Hochzerd
Ich versprechder, ich leechder na a Rosn auf dei Groob

Du laggsd und du brohlsdi nei in dein Benz middi gedöndn Scheim
Und du maggsd mords Weddn, wer des Renna woll gwinnd
Ich hogg im Keller drund mid am Droosdpflasder in meim Mund
Und ana Fraa, die wu mir all mein Kummer nimmd

Ziechmi roo, mei scheena Susi, ziechmi roo
Du bisd die Könichin mid deina ganzn Woor
Schiggmer Blassdiggblumma frieh um siema
Schiggmer Blassdiggblumma midder Bosd
Schiggmer Blassdiggblumma zudder Hochzerd
Ich versprechder, ich leechder na a Rosn auf dei Groob

A Dribb aufm heißn Eisn

Der Holly woor aus am Kaff in der Oberpfalz.
So a Kerl muß in die Stadd nei, wall sunsd gnallds!
Na haddersi die Neegl lagierd und die Banner rasierd
Gschmingd im Glaad is des ganga wie gschmierd
Na hadds gfroochd: »Schatzi, sooch, braugsd an
    Dribb aufm heißn Eisn?
Schnuggi, sooch, moggsd an Dribb aufm heißn Eisn?«

Die Conny woor kuul und vo Kulmbach droom
Hindn am Riggsitz woorsi fier an jeedn zu hoom
Alles im Griff und voll in Fard
Wennsis aam mibbm Mund gmachd hadd
»Horch amoll«, haddsi gfroochd, »wos häldsdn
    vonnam Dribb aufm heißn Eisn?
Gfallerder a Dribb aufm heißn Eisn?«

Und die Schwarzn hamm gsunga: »Du-du-du ...«

In Mini-Max is nie wos durch die Labbm.
Alla woorn bloß am Kuschn und am Berabbm
A Gschäfdla doo und a Nummer dord
Frankn is der richdi Ord, dichdi zoggn und na fodd!
»Horch amoll, Gribbl! Gell du braugsd an Dribb
    aufm heißn Eisn?
Schau fei, sunsd griggsd an Dribb aufm heißn Eisn!«

Die Schoggo-Schwuchdl woor echd die Schau!
Woor seelisch am Hund, und aa scho a Johr im Bau
Woor na stribbm im *Club Jeanette*
Du häsd den sehng solln beim Strabbs-Baledd!
Alla hamm gschriea: »Schoggo! Gell, du maggsd an
    Dribb aufm heißn Eisn?
Horch amoll, du maggsd gwieß an Dribb aufm
    heißn Eisn?«

Die Jackie hadds immer voll exdreem gedriem
Hadd mid Vollgas glebd so wie der James Dean.
Drum glaab ich aa, haddsis derbräsln missn
Mid an härdern Stoff häddsis nu vill ehra gschmissn!
Ich hobb nu gsochd: »Gell du maggsd an Dribb aufm heißn Eisn?
Sooch amoll, du willsd gwieß an Dribb aufm heißn Eisn?«

Und die Schwarzn hamm gsunga: »Du-du-du ...«

Mei Rogg 'n' Roll-Bänd

Mei Vadder is arch fleißi, der haddsi sei Haisla baud.
Mei Mudder ärwerd im Pfarramd mid und is a guuda Haud.
Die sinn dollerand und dichdi, und meengs net, wemmer liengd.
Die sinn gerechd und griddisch, und wenns sei muß, aa fiern Griech.
Sie wolln ja bloß mei Besdes, und denn ihr Geld onleeng.
Im Winder fohrnsi in die Berch, im Summer sinns am Meer.
Mei Zukunfd is zerredd worn und ganzergoor verbloond
Ich hobb auf des alles pfiffn, fier mei Rogg 'n' Roll-Bänd.

Ich bin in die Schull mid scheena Glaader und mid sauber kämmda Hoor.
Die Schull woor hell und riesich groß, mid lauder neia Woor.
Die Lehrer hamm uns Reegln gsochd, und mir, mir hammsi glernd
Hamm unner Noodn und Stroofn grichd, und die masd Zeid hammer bennd.
Mei Vadder haddmer a Uni bsorchd, fier mich na zum Studiern
Obber ich bin na fodd ins Ausland, zweggs Sunna und Musiziern.
Mei Eldern und mei Lehrer, die bringds ball ummern Verstand
Worummi alles aufgeem hobb, fier mei Rogg 'n' Roll-Bänd.

Mei Leid hammsi immer in Kopf zerbrochn, wos
woll aus mir werd:
A Zohnoorzd odder a Richder, odder a
Innenarchideggd?
Mir langd scho Brood und Wasser, und a Gidarrn in
meina Händ.
Wall ich brauch nix wie a Musigg, und mei Rogg 'n'
Roll-Bänd!

Mei Vadder haddmer a Geld na gschiggd, und ich
hobbs glei ausgeem
Fier a Schneggn, doo wurri gmaand hobb, des wär
die Fraa fiers Leem.
Ich hobb an ihr jeeds Härla kennd, bloß ihr Kopf
woor a hooria Sach
Wirri gmergd hobb, wos die meecherd, woorn mer
hoffnungslos vergrachd.
Sie wolld hald, daßmer heiern, in Weiß, so mid
Kutschn und mid Kerng!
Des woorera hald rauskängd, obber ich hobb
oogfangd mich zu ferng.
Sie wolld a Haisla und Kinner, und a Geld am
Moonerdsend
Drum hobbi alles aufgeem missn, fier mei Rogg 'n'
Roll-Bänd.

Lang scho her, seiddeemi foddzoong bin

Etz laafi widder die Haubdstraß noo
Vo dem Städdla, wurri aufgwaggsn bin
Etz siechi widder die ganze Woor
Die wurri eewich scho kenn
Ich schnauf dief ei und muß lächln
So vill Gschmarri kummdmer doo in Sinn
Lang scho her, seiddeemi foddzoong bin

Ergndwie is des scho aara Droosd
Alles sichd nu aus wie sunsd
Die Leid grießnmi mid meim Nooma
Vo meim Leem hamms kann Dunsd
Mir kummds beinoh so vor
Wie wenni nie fodd gweesn wär
Lang scho her, seiddeemi foddzoong bin

Mei Freindin hadd hinderm Bohnhof gwohnd
Allmächd, woor des a Granoodn!
Aamoll wurri nachds beiera woor
Is ihr Vadder aufmi los mibbm Spoodn!
Etz wohndsi aa nämmer doo
Es haßd, daß ihr Leid
Lang scho gschiedn sinn
Lang scho her, seiddeemi foddzoong bin

Die masdn vo mei Kumbel
Leem wuannerschd, wusna besser gfälld
Die Biggi is die aanziche nu
Die wu doo die Stellung häld
Ich glaab, die rufi etz amoll on
Na gemmer fodd, bismer bedudeld sinn
Lang scho her, seiddeemi foddzoong bin

Droffm hammer uns vor ihrm Haus
Frieher woormer dord ofd zamm
»Kumm, stooßmer on auf die aldn Zeidn!
Gemmer nauf ins Goldne Lamm!«
Doo sachds, des gibbds lang scho nämmer
Doo is etz a Händy-Loodn drin
Lang scho her, seiddeemi foddzoong bin

Naja, derfier stehd hald die ald Glinnig nu
Seid aana halbm Eewichkeid
Dord hobbi mein erschdn Schnauferer gmachd
Vor aana eewich langa Zeid
Etz mussi aa widder schnaufn
Und mei Herz, des schlächd wie wild
Lang scho her, seiddeemi foddzoong bin

Etz liechi drund am Fluß aweng
Im Schaddn, daab, mid mieda Baa
Kinner spritznsi mid Wasser voll
Und schreia, so wie mir doomools hald aa
Ich glaab, etz leeberdi gern widder doo
Etz wurri a ganz annerer bin
Lang scho her, seiddeemi foddzoong bin

Ich bin ka Mensch, wu noochläffd

Ach, am libbsdn dädi foddziehng
Zu dem Ord, wu is Land leichd und glänzd
Ich laaferd durch die Däler
Gweer ieber Berch und Buggl
Und däd wandern durch die Wälder
Wu die Bamm ihr Blädder schimmern denna
In Farm so voller Lichd und Schaddn
Und ka Mensch waaß doo a Word derfier

Ich du wardn, bis die Zeid na baßd
Wenn der Zauberbrunna spruudln dudd
Ich siech mei Gsichd im Wasser gspiegld
Und des glänzd wie Gold so gloor
Du zeigsdmer na in verwunschna Weech
Der wu nauffiehrd zu dem Schloß dord droom
Dord wummer alles des derleem
Vo dem wummer immer draamd hamm

Und ich steh a Waal na dord und staun
Ieber den Fluß, wu drin die Sunna danzd
Na springi nei, na dauchi ei
Und wasch mein Leib und mei Seeln
Und auf aamoll ismer alles gloor
Wirri rumspiel dord in die warma Welln:
So meecherdi foddgeh aus dem Leem
Und neifalln in a wilds und wohligs Wasser

Sie mooch schändn, sie mooch beddln
Mooch mid Vernunfd und Zukunfd kumma
Moochmer soong, wossi alles verliern du
Wos wergli goor kann Weerd net hadd
Wohrscheins werd die Fraa des nie kabiern
Wosmer wichdi is und wossi wergli will
Obber am End na wernsis alla sehng

Ich bin ka Mensch, wu noochläffd
Ka Mensch, wu folchd und noochläffd
Ich bin ka Mensch, wu annera noochläffd

Die Gschichd vo der Sigi Jordan

Die Sunna, die hadd gschiena frieh
Ins Haus vo der Sigi Jordan
In der scheena, greena Siedlung
In der lauschin, saubern Stadd
Sie woor rumgleeng in die Bolsder
Und hadd draamd vo dolla Männer
Bis die Weld umra rumfliechd
Und an goldna Schimmer hadd

Sie hadd gmergd mid siemadreißich
Sie werd nie im Leem in Baries rumfohrn
Mid Broseggo in am Spordwoong
Mibbm warma Wind in ihrm Hoor
Und drum läßdsi is Dellefoon etz glingln
Und lichd bloß doo und dudd leis singa
Alda Kinnerlieder aus denna Dooch
Wu ihr Vadder nu am Leem woor

Ihr Moo, der woor fodd im Gschäfd
Und die Kinner, die woorn in der Schull
Sie schaud in Spiegl und froochd ihr Gsichd
Wie sie den Dooch rumgrichd
Sie kennerd stundnlang bloß butzn
Odder die Blumma umdopfn
Odder spliddernaggd durch die Geengd flitzn
Und schreia wie verriggd

Sie hadd gmergd mid siemadreißich
Sie werd nie im Leem in Baries rumfohrn
Mid Broseggo in am Spordwoong
Mibbm warma Wind in ihrm Hoor
Und drum läßdsi is Dellefoon etz glingln
Und lichd bloß doo und dudd leis singa

Alda Kinnerlieder aus denna Dooch
Wu ihr Vadder nu am Leem woor

Die Sunna, die hadd gschiena oomds
Auf des Haus vo der Sigi Jordan
Auf des Dach droom, wussi koggd woor
Drund die Leid hamm alla glachd
Sie hadd an Gniggs gmachd vor dem freindlin Moo
Wussi oogfaßd hadd mid sei Händ
Und haddsi noogfiehrd zu dem weißn Woong
Mid dem hammsis na fodd brachd

Sie hadd gmergd mid siemadreißich
Daß wie im Barradies drin woor
Wissi rumgfohrn is in Baries
Mibbm warma Wind in ihrm Hoor

Weh

Ich hobbmer heid weh doo
Ich wolld moll widder spiern
Wies is, der ganze Schmerz
Wos hobbin scho zu verliern?
Die Noodl stichd a Loch
Dief nei in die alde Haud
Ich mooch nix mehr kabiern
Des allaans waaßi ganz genau.

Wos is aus mir worn?
Ach, mei alder Freind!
Jeder, den wurri kenn
Läßdmi im Stich am End.
Mirweeng kannsd alles hoom
Mei Reich aus lauder Zeich
Ich kann zu nix mehr steh
Ich du eich alla bloß weh.

Ich drooch Dorna aufm Kopf
Und inna drinna nix wie Lieng
Alles is zerschloong
Nix mehr grood zu bieng
Mei Seeln is ganz beschloong
Ka Gfiehl mehr in dem Moo
Du bisd weid fodd gezoong
Ich bin etz nu doo.

Wos is aus mir worn?
Ach, mei alder Freind!
Jeder, den wurri kenn
Läßdmi im Stich am End.
Mirweeng kannsd alles hoom
Mei Reich aus lauder Zeich
Ich kann zu nix mehr steh
Ich du eich alla bloß weh.

Nix dudd etz bassiern

Bosdongstellde stelln Schilder auf, wu draufstehd
»Schalter geschlossen«
Segredärinna fohrn in Rechner roo und verraama
die Lasdschrifdnordner
Hausmasder sperrn die Schlösser zu und denn die
Doore kondrolliern
Junggselln dreffnsi in die Gneibn und Verheierda
denn ihr Sorng disgudiern
Und alla sinns einsam heid nachd und einsam aa
morng

»Feieroomd, Leid! Etz werd dichd gmachd, heid
gibbds doo nix mehr!«
Die Ambln springa um auf rood, obwoll ka Mensch
dord mehr rumfährd
Frieh ummer fümpfa is alles so dood, bloß voddi
Daxi doo fohrn nu a boor
Und die Leid leeng in ihr Bedder so daab wie die
vollbumbdn Mäus im Unilabor

Und goor nix dudd etz bassiern
Niemools dudd wos bassiern
Die Noodl springd widder zum Oofang vom Lied
Und mir singa widder alla schee mied
Und mir sinn alla einsam heid nachd
Und einsam aa morng

Die Dellefoonleidunga rauschn, derbei is goor
kanner etzerd mehr droo
Die Außerirdischn kennerdn etz landn und ka
Mensch horcherd doo noo
Überwachungskameras in Kaufhaiser drinna dreha
in gleichn Film alla Dooch
Die wu doo midspieln, kumma net um, die
ieberleem an jeedn Schiggsoolsschlooch

Und goor nix dudd etz bassiern
Niemools dudd wos bassiern
Die Noodl springd widder zum Oofang vom Lied
Und mir singa widder alla schee mied
Und mir sinn alla einsam heid nachd
Und einsam aa morng

Reglamewänd werbm fier Woor, wu kanner brauchd
    und alla scho hamm
A Leserbrief gloochd ieber die eewichn
    Wiederholunga im Fernsehbrogramm
Bildscherm meldn Kurssteicherunga bei Thyssen,
    Springer und Lidl
Und Gschäfdsleid ersteichern a Van Gogh-Bild fiern
    Breis vonnam Granknhausfliegl

Und goor nix dudd etz bassiern
Niemools dudd wos bassiern
Die Noodl springd widder zum Oofang vom Lied
Und mir singa widder alla schee mied
Goor nix dudd doo bassiern
Niemools dudd wos bassiern
Die brenna um sechsa die Synagooch widder oo
Und mir machn widder alla schee mied
Und mir sinn alla einsam heid nachd
Und einsam aa morng

Ignatz Herz

Geddner her, ihr Leid, und horchdmer zu
Etz derzälli eich a wohra Gschichd
Vonnam gräfdin fränkischn Mannsbild
Mid am offna und am freindlin Gsichd.
Sei Vorfohrn, des sinn Juden gwesen
Lauder fleißia, onständia Leid
Die hamm kandld mid Gall und mid Viecher
Bis Bamberch nauf und Bayreid.

Der Ignatz woor a gscheider Borsch
Der hadd is Zeich kabbd zum Studiern.
Der Griech is kumma und er haddsi glei gmeld
Er wolld sei Leid imboniern.
Sei Vadder woor so stolz auf sein Buum
Der wu seim Vadderland diend.
Der Ignatz woor na in Frankreich dreem
Und hadd dord Aggerland vermiend.

Ja, des woor der Ignatz Herz
Vo dem heerdmer heid nix mehr
Vo dem jüdischn-deitschn Soldoodn
Der wu kämpfd hadd mid seim Gwehr.

Er haddsi bewährd im Stellungsgriech
Er woor verwund und hoch deggorierd
Hadd alles geem fier Ehr und Siech
Und hadd sein Zuuch dichdi gfiehrd.
Zwischer Gasgranaadn und Schitzengreem
Hadder gedraamd vo Wissnschafd und Rechd
Er wolld a guuder Deitscher sei –
Sowos dankd aam des Land bloß schlechd.

Ja, des woor der Ignatz Herz
Vo dem heerdmer heid nix mehr

Vo dem jüdischn-deitschn Soldoodn
Der wu kämpfd hadd mid seim Gwehr.

Der Griech woor goor, des End a Schand
Der Ignatz woor lang im Lazaredd.
Etz woorsn gloor, der Griech woor a Sind
A Schwindl vo A bis Z.
Hammkumma isser na mid Griggn und Verband
Auf seina Brusd die Ordn hamm glänzd.
Sei Leid woorn froh und stolz und hamm gspend
Fier a Griecherdenkmool und Gränz.

In der Inflation hamms vill Geld verlorn
Na sinn die erschdn Nazi kumma.
Sei Leid woorn fleißi und hamm gscheid gspoord
Am End woorns drotzdem die Dumma.
Koffd hamms, die Hitlerei haddsi ball verzoong
Daß Deutschland a Zukunfd hadd.
Den Ignatz hamms in Dachau derschloong
Sei aldn Leid in Deresienstadd.

Ja, des woor der Ignatz Herz
Vo dem heerdmer heid nix mehr
Vo dem jüdischn-deitschn Soldoodn
Der wu kämpfd hadd mid seim Gwehr.

Ja, des woor der Ignatz Herz
Der wu kämpfd hadd im erschdn Griech
Und sei Geisd, der find heid immer nu ka Ruh
Waller verreggd is wie a Viech.

V. Songs, wummer wos song

Drund an der Aasch

Ich kumm vo draußn ausm Grund
Wu die Junga masdns wern wie die Aldn
Die Mooni hobbi in der Berufsschull droffm
Mir woorn all zwaa erschd sibbzer
Ich hobb obber scho mein beschrängdn Fiehrerschei kabbd
Drum simmer fodd auf Spritzduur middn Käfer

Und noogfohrn, noo zudder Aasch
Und an Stecher neigmachd droom am Wehr
Ja, drund an der Aasch woormer zamm

Net lang drauf innam Brief haddsi gschriem
Wos Glanns kummd, des hasd etz dervoo
Zu meim Neinzendn hobbi na an Onzuch grichd
Woor Gsell und hobb mehra verdiend
Mir sinn na all zwaa midnanner auf die Gmaa
Hamm underschriem und scho woormer under der Haum
A Gaudi woors aa desweeng, beim Braudendfiehrn
Haddmer is Glaa scho gspierd underm Glaad

Sell Nachd simmer noogfohrn zudder Aasch
Halmi naggerd und oogstochn hammer uns bodd
Drund an der Aasch woormer zamm

Ich bin na aa auf die Ärwerd nei in die Fabrigg
Wall mehr rausgschaud hadd midder Schichd
Seid feerdn lassn obber die Aufdreech nooch
Mir ärwern korz und ball kumma blaua Brief
Allerwall binni masdns mißmuudi und maulerd
Wall fodd is, auf wossermi sunsd gfreid hobb
Ich du so, wie wennermer nix derbei denggerd
Die Mooni dudd so, als wärsera worschd

Ich kammi nu guud derinnern an die Dooch im Käfer
Sie woor so dinn und gluudi und dropferd
Drauß am Baggersee woormer under der Deggn
Giegsd und gwiegsd hammer hindn beim Flieder
Allerwall kummermer die seddn Erinnerunga effder
Lassn mi ums Verreggn nämmer los.
Wemmer draamd hadd vo wos und es werd nix draus
Haddmer na wos falsch gmachd, haddmersi bloß bedroong?

Ergndwos drabbdmi als noo zu der Aasch
Und ich laaf ieber die Wiesn geechern Wind
Bis nauf zum Wehr, bissi Seidnstechn griech
Dord am Wehr, an der Aasch, woormer zamm
Heid nachd werd widder noogfohrn zudder Aasch
Midder Mooni heid Nachd nunder die Aasch

Frollein Rosa

Wirri widder die Ansbacher Straß noogeh
Kummermer die driggerdn, dunsdin Gedankn widder hooch
Heeri is Geglibber-Geglabber vo ihr roodn Stegglschuh
Siechi in Bobbi unnin Dommi, siechi is Frollein Rosa.
Der Gschmagg vo Weißwein und Hoorspree und Kellnisch Wasser
Lichd widder in der Lufd, Gruch vom Himmlischn Moosldrepfla.
Draußn fohrn die Giederziech, haldn middan Rugger
Kinner dreimsi am Bohndamm rum, schloong nooch Kasdoona
Kaafm Kola und Buffreis und Ziggis dreem in die Leedn.

Leichd werdsmer ums Herz
Wirri droodenkn du ans Frollein Rosa
Des woor, wies oogfangd hadd alles
Des woor die erschde haaße Gschichd
Des woor die Härde, des woor die Heh

Und ganzergoor baggn mi die Gedankn mid Haud und Hoor
Wirrermi widder hoggn siech, Kardn spieln aufm Kannerbee
Ihr Blinzln, wiesmer Biecher zeichd, mid scharfa Bilder
Is Leichdn steichd hooch in die Aung vom Frollein Rosa.
Ich will mei Daschn baggn, willmi auf die Soggn machn
Obber griegs net greegld, bleib bloß hoggn, liech am Boodn
Neeber die Schoofkopfglopfer, die gagglerdn Blummasteggli

Griech an Schnabbs eigfleeßd, griech is Wengsd
mehr mid
Liech im finsderlin Zimmer und is Frollein Rosa
derneem.
Alles ismer worschd etz, ich siech Sternle und fliech
dervoo
Mid der Fräun Rosa, in die Heh, mid Haud und
Hoor dervoo.

Na hammers an die Rolloo bumbern keerd, Schleech
an der Dier
Ach du liebe Zeid, sochds, Bollizei! Ach, du
Schande!
Rumbld auf mid verwoddlda Hoor, läßd is Gloos nu
zerspringa
Haßdmi aufsteh, foddgeh; ich steich zum
Bohndamm hind naus
Laaf im feichdn, schmitzerdn Wind, durch Madsch
und Ludschn
Griech nu an Driebwoong Richdung Deemerdsferd
nunder
Hogg im Driebwoong und hobb die schwaaßin
Baggn an der Scheim
Im Driebwoong drinna, draus a drieber, driggerder
Dooch
Im Driebwoong drinna waaßi, des woor ergndwie a
Oofang
Im Driebwoong waaßi, etz kanni nämmer noo
Im Driebwoong waaßi, etz gehi nämmer noo
Etz mussi fodd dervoo
Außerwärdi im Driebwoong
Hammwärdsi und fodd dervoo
Im Driebwoong
Im Driebwoong
Im Driebwoong

Die wildn Johr vom Fränkie

Also, der Fränkie is ins Dorf zoong
Und hadd sei wildn Johr an Noogl kängd
Hadd endgildi Neegl mid Kepf machn welln
Sei Fraa hadd feierrooda falscha Fingerneegl kadd

Er hadd oobeizd und mid gebrauchda Möbl kandld
Hadd a Busla und an Loodn kadd undnheeri im
Haus
Hadd an Gredidd aufgnumma
Und a Hibbodeeg eidroong lassn

Sei Fraa hadd kann Dauch geem
Hadd dreggerde Witz derzälld
All Schieß lang Boole gmachd und Koggdäil gmixd
Am Aldnjohrschoomd woorsi als erschde brall

Sie hadd so an daamischn Binscher kadd
Haddsi mordsmäßig aufbloosn vo weeng reinrassich
und so
Der Keeder hadd Ronni kaaßn und woor beinoh
blind
Hadd a scheißlia, grätzerda Haudgränggerd kadd

Hemmsi a Einbaukichn kaffd, mid alln
Schniggschnagg
Dunsdabzuuch, Miggrowelln, Drimmer Schrankwänd
Der Fränkie haddsi na nu an Dschieb oogschaffd
Mid Saalwindn und Schaufl, mid alla Schikoona

Der Fränkie fährd also sell Nachd wie sunsd aa
Hamm vodder Spädschichd in der Fabrigg
Häld nummoll draußn an der Dankstell
Baggd vollstoff in Diecher nei in Dank

Nimmdsi a boor Fläschle und Flachmänner mid
Dringd scho hammwärdsi a Händvoll und fährd
vors Haus
Na hollder hindn in blechin Kanisder raus
Gehd noo und schidd in Spridd spruuzweis
driebernieber

Nacherdla zinder seelnruhich des ganz Gstellaaschi oo
Fährd in Dschieb fodd und hoggdsi noo
Wisserwie aufm Gehsteich grichder an Lach-Fläsch
Wirrers brenna sichd, sonnwendmäßi, lichderloh

Na haddersi in Dschieb gschmissn
Hadd auf Bayern drei driggd
Is foddbretschd Richdung Audobohn
Richdung Südn, Richdung Meer

Der Fränkie hadd ihrn Keeder nie leidn kenna

Ja, wen sehng na mei driem Glubschaung doo?

Ja, wen sehng na mei driem Glubschaung doo? Dich sichdmer aaramoll doo?
Maggsdi roor doo. Mer lebbd so. Worschdl mi durch, grebbs rum.
Kennsdmi doch, weidergeh dudds immer nu, die spinnerd Weld.
Hasd drauß mei neis Audo gsehng? Diefergleechd, voll gedjuund.

Naa, vodder aldn Drubbm is kanner mehr doo, alla sinn fodd.
Bloß der Babberer und der Beemers sinn nu doo. Siegsi seldn.
In halm Dooch sinnsi zubleschd, die saufm wie aus Aamer.
Obber ich verdrooch is Dobblde, beim Flibbern binni der Scheff!

Wersds scho keerd hoom vom Ziepfer, haddsi feerdn derhutzd.
Waßd ja aa, wirrer gfohrn is, die Narrnsau. Drei Leid woorn hie.
Hadd die Lindermer Kurvm gschniedn und stoggvoll in annern nei.
Wussn rausgeschwaaßd hamm, hadd sei Blaubungd nu duudld.

Naa, die hobbi vor Johrna scho dervoogjoochd. Hadd annera kaddn.
Sollsi droom in Bayreid rumdreim, hadd a Kind, ismer worschd.
Der Andi woor im Gnasd fier a Johr, weecher fohrlässicha Dödung.

Der bleed Hund hadd an der Kerwa die ald Keßleri ieberfohrn.

Und selber? Mer hadd keerd, du häsdi aa drennd vo deina Fraa?
Gschiedn. Naja, so kanns geh. Ich hobbs nie gmechd. Und die Kinner?
Naja. Kumm, drinkmer aans! Schee, daßd an Abstecher gmachd hasd.
Na betscherdi beim Flibbern! Kumm, kiggermer! Kumm, stooßmer oo!

Wos isn, hej Werdi, werds ball, werd des heid nu a Bier?
Kumm, schenk aans nei mei Gloos! Gibb a Rundn Zwedschger aus!
Fier all die Gimbl und Dorgl doo inna. Daßmer oostooßn kenna.
Na drinkmer aufm Ziepfer, aufm Luscher, auf dich und auf mich.

Is Haisla draußn am See

Di greisli Dabeedn griechd ieber mich drieber in die Heh
Daßmi huscherd, ich schau naus, ieber die Dableddn nieber
Draus vorm Haus springdmer a Bamm mibbm Naggerdn ins Gfries
Siech wisserwie a aaschifdia Fraa am Ballgoon, oogstochn is
Dodool drooni und oogleichd sabberds und glotzd rieber zu mir
Die is fasd so durchgschossn und durchdriem
So durchernanner, fasd so durcherdurch drauri wie ich
All Dooch sabbi auf Ärwerd, obber hobb nix und siech nix dervoo
Siech bloß drund an Hundskeeder mid aanera aaschifdin Fraa
Na dudds glingln, is die Dier odders Dellefoon odder wos isn
Wos hemmern fier a Zeid etz, ich haus scho ganz hinderm Mond

Ich misserd etz fei wergli hamm
Braicherd etz bloß an Ord, wurrermi nooleeng kennerd
Ich misserd etz hammkumma zu dir
Die aanzi, wurri meecherd, wurri braicherd, wärsd du
Ich misserd hald bloß hamm zu dir
Hamm zum Haisla draußn am See

Doochernachd heeri is Dellefoon, siech Leid in die Bassaaschn
Siech die ratzkepfin Skinhädds, däddowierd und lauder Niedn

Mid Schloochring und Keddn, lauder Aufgladscher und Oofaggler
Kanner mooch noochgeem, kanner denkd nooch, kanner moogsi selber
Lauder gfillda Blassdiggbeidl, Sprichbeidl, lauder Flaschn
A boor Beruaner drommeln und pfeifm vorm Kaufhof
Mer kennerd verriggd wern drieber, alla pfeifm auf alles
Ich waaß, du pfeifsd aufmi, moggsd vommer nix heern und sehng
Kannsdmi nämmer riehng und moggsdmi nämmer spiern
Mer kennerd maana, ich hobb Äids odder Schwindsuchd
Mid jeebm Dooch, jeebm Zuuch meecherdi nix wie nädder zudder noo

Ich hobb nunni im Loddo gwunna, hobb nix zu Weech brachd
Hogg in die Miesn bei der Spoorkassa, die Zinsn fressn mi auf
Heer is Glingln voddi Kassn, is Biebsn voddi Geldaudomoodn
Und draam vonnam brotzin Benz, uldrakuul, vonnam Balmastrand
Obber ich kann scho in Strom und die Bohn nämmer zohln
Ich waaß gwieß, die Greedn, wummer felln, draggdiernmi als weider
Wennsd nix erbsd und hasd, bisd der Weld ihr Orsch, gwieß wohr
Alles stingdmer, lauder Streß bloß und Stuß und Gschlamb
Bin in der Dreedmill, an die Galeern noognoogld und ich draam

Meecherd endli widder in Sand spiern under mei
Fieß

Vielleichd denksder etz, ich hobb an Sprung in der
Schissl
Dodool verkoobld is mei Schissl, dausnd Drähd
hängermer im Scheedl
Waßd ja, wenni so drund bin und rumhäng, so daab
und daun
Doo gidds bloß aans, ich mußdi sehng, mußdi
heern
Muß dei waacha, sießa Stimm widder in meim Ohr
drin hoom
Mußdi heern, wiesd aufmi eireddsd, wiesd schändn
dusd aufmi
Wiesd durch die langa Leidunga, durch die Drähd
und Kanäl –
Wiesd schnaufm dusd, blaudern dusd, wiesd
gnaunzn dusd
Des häldmi am Leem, des derhäldmi, wennerdi heer
Ich heerdi etz, ja, die Verbindung is – des is ja heiß
Daß du an mich denksd, ich glaab ich häng, heersd

Ich misserd etz fei wergli hamm
Braicherd etz bloß an Ord, wurrermi nooleeng
kennerd
Ich misserd etz hammkumma kenna zu dir
Die aanzi, wurri meecherd, wurri braicherd, wärsd
du, heersd
Ich misserd hald bloß hammkumma kenna zu dir
Hamm zum Haisla draußn am See

Naufkaud haddsmi, haumi nauf

Weider dreem hadds a Kerwa geem
Weibersummer, a Waal greengd in Ströma.
Midder Moni am Wehr droom gstanna
Kerwageld und Bärndreeg in der Händ.
A Ruudn ins Wasser gworfm, a Foodn droo
An jeebm Hoogn woor a Drumm Worm drookängd
Mir woorn bloß dordgstanna, bidscherdnaß
Middi Buggl leichd geechern Laddnzaun glaand.

Allmächd, a sedds Wasser
Allmächd, a sedder Guß
Allmächd, wie aus Aamer
Hoffendli schidds net in ganzn Dooch

Obber naufkaud haddsmi, wie scho lang nix mehr
Naufkaud haddsmi, haumi nauf
Ach du liebes Bißla, des baggi net
Naufkaud haddsmi, wie nummoll wos
Stoggvoll neigwerchd, volle Kanne naufkaud haddsmi
Naufkaud haddsmi durcherdurch, haumi nauf

Der Reeng hadd aufkeerd und die Sunna is kumma
Unner Hemmerder sinn allmähli widder druggn worn
Hemm hammdrämbn welln, hemm a Busla ookaldn
Eigstieng, neikoggd, der Fohrer woor freindli
Hadd grinsd und uns oogsetzd an der Greizung
Mir sinn nieber zuddi Weiher und neigsprunga
midnanner
Buudlwohl midsamsd die Glaader nei zuddi Fisch.

Aufm Weech hammwärds hammer a Lied nu gsunga
Pfiffm und blägd, daß die Gurgl ganz haaserli woor.
Na hammer den Moo gsehng wisserwie vodder
Werdschafd

Die Sunnastrohln hamm aufblitzd in sei Aung.
Er hadd ganz allaans in seim glann Haisla glebbd
Der Schluggspechd mid seim grachdern Hund.
Der Spieler woor dord, mid seina Gwedschn
rumgschnalld
A Käggbrood hamms reidroong und a Mooß derzu.

Naufkaud haddsmi, wie scho lang nix mehr
Naufkaud haddsmi, haumi nauf
Ach du liebes Bißla, des baggi net
Naufkaud haddsmi, wie nummoll wos
Volle Kanne naufkaud haddsmi durcherdurch

VI. Lauder so Lieder

Der Driefel Joe und sei Lasdzuuch Nullkommanix

Ich hobb des immer gmechd, so als Drämber durch die Länder zu ziehng,
Autoput, Mittelmeer, durchn Orient, durch die Wüsten bis nooch Afrika nunder.
Doo ismer manchmoll scho aa saumäßi dreggi ganga,
Daßmers glangd hadd des Rumgeziech und Zicheinerleem,
Dassi gmaand hobb, etz langds na derbei,
Etz maggsdi widder aufm langa Weech nooch derhamm.

Und so binni widder losdrämbd mid Lasdziech und Audofohrer,
Vo Auffahrd zu Abzweich, vo Bargblätz zu Rasdstäddn,
Dankstell fier Dankstell weider aufm hardn Weech nooch derhamm.

Und an dem aan garschdin Oomd, an dera droosdlosn Greizung in der Bamba,
Doo woori fesdkoggd,
Mibbm Reeng in meim Gsichd und mibbm belzin Wind im Gnagg,
Gschiffd hadds in aana Duur, ka Audo is kumma aus die kaldn, dunkln Berch,
Mied woori, mei Moong haddmer gnorrd, und gfroorn haddsmi godderbärmli,
A daamischa Gribbm ismer scho in Buggl nauf und noograbbld.

Doo siechi auf aamoll die Lichder vonnam Mordsdrumm Lasdzuuch droom in der Heh,
Und doo hobbermi gfreid wie a Schneekeenich,

Doo hobbi gspierd, etz kummi ins Druggne und in die Wärm.
Ich hald mein Dauma naus in die Scheinwerfer nei
Und die Bremsn gwietschn und zischen und schnaufn,
Ich mach die schwer Dier auf und steich ins Fohrerhaus nauf,
Und doo hoggd a Drumm Schrank am Steier dord,
A Riesn Oschi vonnam Kerl, so an die drei Zendner,
Der streggd sei Drumm Bratzn rieber mid am Grinsn und sachd:
»Ich bin der Driefel Joe, und des is mei Lasdzuuch Nullkommanix.«

Doo hobbin na gfroochd, wimmer auf so an komischn Nooma kummd,
Und er schaudmi oo und sächd: »Du waßd gwieß net,
Daß mei Zuuch doo an jeedn annern die Schaufl gibbd?
Du findsd in dera ganzn Geengd doo kann annern Fohrer,
Der wus im Endferndesdn bloß aufnehma kennerd
Mibbm Driefel Joe und seim Lasdzuuch Nullkommanix!«

Mir sinn na gfohrn und hamm die ganz Zeid blauderd,
Der aa hadd in annern sei Gschichdn derzälld,
Ich hobb in Joe sei ganzn Golloaas wechgrauchd auf dera Fard,
Des Ammaduurnbredd hadd gleichd wie a Flibberaudomood
Und der Joe hadd middi Gäng handierd und is durch die Nachd gallobierd
Wie so a Musgedier, wie an Könich sei Leibkurier

Bis bletzli a Rasdstäddn aufdauchd is in dera Nachd,
Doo hadd der Joe nacherd gsachd: »Duddmer leid, Kumbl,
Obber doo musserdi etz absetzn aufm Bargblatz neeberder Dankstell.

Dord is a Gneibm, doo gibbds a guuds Essn,
Doo hasd a Geld, kaafder, wosder schmeggd, daßd zu Gräfdn kummsd,
Daßd wos Gscheids in der Gribbm hasd auf deim Weech!«
Der Joe grinsd nu a weng und wingd, na gibbder Gas
Und der Zuuch verschwind wie a Sternschnubbn in der Nachd.

Ich geh nei in des Logool, hoggmi noo an die Deegn,
Bestellmer wos zu essn und an Humbn Kaffee und sooch:
»Scheena Grieß solli soong vom Driefel Joe!«

Schloochoordi is doodnstill gweesn in dem Schubbn,
Doo häsd a Steggnäderla noofalln heern aufn Boodn.
Der Werd is ganz blaß worn und haddmi scharf gmusderd.
»Wos isn los? Hobbi wos Falsches gsochd odder wos?«
So hobbi gfroochd mid am verwaggldn Grinsn im Gsichd.

Doo sachd der Werd: »Naa, is scho rechd, wall waßd, Kumbl,
Des kummd immer widder amoll vor, hasd keerd.
Jeder Fohrer, wu doo reikummd, der kennd in Driefel Joe, wos glabbsdn du!
Wall des is etz scho a Lasd Johr her, wie des woor mid denna Kinner,

Doo woor a Omnibus dord gstanna an dera kaldn, finsdern Greizung,
A Bus voller Schullkinner, die sinn grood hammkumma vonnam Ausfluuch,
Die woorn dord gstanna und hamm kaldn zum Loodn,
Wie der Joe mid seim Lasdzuuch rundergschossn kummd,
Der häddsi alla wechgraamd und zammgfohrn, hadds kaaßn,
Wenner net des Steier nu rumgrissn hädd am End,
Dassn gschleiderd hadd, na haddsn umgschmaßd, dasser noogsterzd is,
Obber die Kinner sinn alla am Leem bliem in dera Nachd,
Obber des woor des End vom Driefel Joe und seim Lasdzuuch Nullkommanix.

Scho komisch, obber immer widder amoll,
Net ofd, obber so ab und zu, wenn der Mond des Wasser naufziechd in die Heh,
Nacherd drabbds so an Drämber wie dich etz rei doo zudder Dier,
Und der derzälld na, dasser grood midgnumma worn is vom Driefel Joe.

Drum, kumm, stegg dei Geld doo widder ei,
Und laßders schmeggn, des griggsd heid amoll spendierd.
Wall ich soochder aans, Kumbl: Behald des Geld doo, hasd keerd,
Duss bloß guud aufheem,
Daßd deina Lebdooch droodenkn dusd,
Wall, des aane soocherder: Des brengder a Gligg, des is a Suwenier,
A Suwenier vom Driefel Joe und seim Lasdzuuch Nullkommanix.«

Ich hogg bloß doo rum

Wu ich jung woor, doo haddmi alles bloß nu gnerfd
Wos richdi woor, des hadd mir niemools gschmeggd
Obber aans, des waaßi, bloß des kann ka Mensch versteh
Aus wos fier an Grund dennsi Moo und Fraa so weh?

Allmächd, ich hogg bloß doo und schau
Ich bligg durch, wall ich bin schlau
Ich waaß bloß net, wossi will
Ach, des is a saudumms Spill
Drum hoggi bloß doo rum und schau

All mei Kumbl vodder Schull sinn etz gsetzd und hamm a Haus
In ihrm Leem doo schaud wos raus
Obber aans, des därfsdmer glaam, wallmers leichd vergißd
Alla hamms bloß keierd, wall sie hamm hald nix Bessers gwißd

Allmächd, ich hogg bloß doo und schau
Ich bligg durch, wall ich bin schlau
Ich waaß bloß net, wossi will
Ach, des is a saudumms Spill
Drum hoggi bloß doo rum und schau

Es kummd der Dooch, doo bisd na ald und hasd ka Freid mehr am Leem
Obber du wersders na scho sehng
Daß des, wosd gmachd hasd doomools, negganz richdi woor
Na bisd glieferd und du kummsder lumberd vor

Allmächd, ich hogg bloß doo und schau
Ich bligg durch, wall ich bin schlau
Ich waaß bloß net, wossi will
Ach, des is a saudumms Spill
Drum hoggi bloß doo rum und schau

Summer Neinasibbzich

Doomools hobbi mei erschda Gidarrn kaffd
Gebrauchd und zimmli rambonierd
Obber ich hobb die schärfsdn Lieder gschaffd
Des woor im Summer Neinasibbzich
Ich und mei Kumbl hamm a Bänd na kabbd
Mir hamm alla gspield wie wild
Aaner hadd na keierd, aaner woor im Gnasd
Uns woor net gloor, daß alles so schnell zerfälld

Wenni doo etz droodenkn du
Der Summer doomools hadd eewich dauerd
Und wennermer wos winschn kennerd
Na meecherdi nummoll rumspieln kenna
Des woor der schennsd Dooch in meim Leem

Es hadd kann Sinn rumzujammern
Ganz so schlechd is ja aa net gloffn
Doomools woormer all Oomd auf Duur
Dord hobbi na aa mei Schneggn droffn
Doomools nachds auf deim Balgoon
Hasdmer gsachd, du willsd wardn auf mich
Doo hobbi dei Händ auf mir gspierd
Und hobb gwißd, ich will nix wie dich
Des woor der schennsd Dooch in meim Leem
Doomools im Summer Neinasibbzich

Mensch, mir hamm die Zeid doodgschloong
Mir junga, dumma Fregger
Mir hamm die Sau rausglassn
Scho gloor, sowos gehd net eewich – naa, net eewich

Und etz sinn die Zeidn ganz annersch
Mir sehng, wos fodd is, und wosmer hamm
Manchmoll wenni so rumspiel auf meina Glampfm

Na waaßi wergli nämmer, worum simmern heid nu zamm?

Doomools nachds auf deim Balgoon
Hasdmer gsachd, du willsd wardn auf mich
Doo hobbi dei Händ auf mir gspierd
Und hobb gwißd, ich will nix wie dich
Des woor der schennsd Dooch in meim Leem
Doomools im Summer Neinasibbzich

A Dooch im Juni

An dem Dooch im Juni
Doo binni fodd ganga
Gloggd voddi Flamma
Voller Verlanga

Mei Vorsätz woorn beim Deifl
Mei Fieß woorn ganz leichd
A Flisdern sieß wie Hoonich
Mei Händ woorn so reich

A Dooch im Juni
Doo woor mei Hunger
Doo woor die Fruchd
An dem Dooch im Juni

Duddi net oo weecher mir
Ich waaß, wossi gwinn
Ich hobb vill risgierd
Ich hobb danzd mibbm Wind

Du kannsdmi net reddn
Walli aa ka Andword kenn
Wall alles is rum etz
Aa wenni weider brenn

A Dooch im Juni
Doo woor mei Hunger
Doo woor die Fruchd
An dem Dooch im Juni

Mir gfällds net, des komische Gfiehl
Dassi net die Wohrerd sooch
So zu doo, als kennersd aufmi baua

Alles bloß Masgn, die wurri drooch
Alles vorbei auf an Schlooch
An dem Dooch im Juni

Wunderboor heid nachd

Es is späd und scho dunkl
Sie waaß net, wossi onziehng soll
Na duddsersi schminkn
Und kämmdsi ihr langs, blonds Hoor.
Und nacherd froochdsmi:
»Maansd, des schaud guud aus?«
Und ich sooch:
»Subber schausd aus, wunderboor heid nachd.«

Alla machn na mords Aung
Wu dordn auf dera Feier sinn
Weecher der wunderscheen Fraa
Mid dera wurri ookumma bin.
Und nacherd froochdsmi:
»Sooch, gehdsder etz guud?«
Und ich sooch:
»Ja, ich fiehlmi wunderboor heid nachd.

Ich fiehlmi wunderboor, walli des Lichd siech in dei Aang
Und wenni dei Gsichd siech, na kannis goor net glaam
Wie arch daß ich dich mooch.«

Na is Zeid, daßmer hamm genn
Mich drehds, mir brummd der Scheedl
Drum gibbera die Audoschlissl
Und na hilfdsmer in die Federn.
Und wirris ooschau nacherd
Wirris grood ausmach, des Lichd
Doo soochi:
»Mei Scheena, du woorsd wunderboor heid Nachd.
Heersd, mei Scheena? Du woorsd wunderboor heid nachd.«

Fluß

Etz hammer ball Weihnachdn
Die Straßn wern gstreid
Die Grisdbamm sinn voller Lichdle
Mer heerd Lieder vo Friedn und Freid
Ach, ich wollerd, ich hädd an gfroorna Fluß doo
Auf dem wurri dervooflitzn kennerd

Mir hamm kann Schnee doo
Bloß graus Groos und Matsch
Ich mach an Haufn Geld
Na verdufdi aus dem daamischn Kaff

Ach, ich wollerd, ich hädd an gfroorna Fluß doo
Auf dem wurri dervooflitzn kennerd
Ich wollerd, ich hädd an Fluß, so lang
Daß mei Fieß auf und dervooflieng denna
Ach, ich wollerd, ich hädd an gfroorna Fluß doo
Auf dem wurri dervooflitzn kennerd

Weecher mir greind mei Freind

Er haddsi wergli oogstrengd
Er wolldmer helfn ergndwie
Mir woorn zimmli zammkängd
Ich griech heid nu waacha Gnie

Ich wollerd, ich hädd an gfroorna Fluß doo
Auf dem wurri dervooflitzn kennerd

Ich bin a komischa Kabbm
Eewich daun, und denk bloß an mich
Etz binni grandi weecher dem Kaschber
Walli kann Bessern mehr griech

Ach, ich wollerd, ich hädd an Fluß, so lang
Daß mei Fieß auf und dervooflieng denna
Ach, ich wollerd, ich hädd an gfroorna Fluß doo
Auf dem wurri dervooflitzn kennerd

Weecher mir greind mei Freind

Etz hammer ball Weihnachdn
Die Strassn wern gstreid
Die Grisdbamm sinn voller Lichdle
Mer heerd Lieder vo Friedn und Freid

Ach, ich wollerd, ich hädd an gfroorna Fluß doo
Auf dem wurri dervooflitzn kennerd

Ach, ich wollerd, ich hädd an Fluß, so lang
Daß mei Fieß auf und dervooflieng denna
Ach, ich wollerd, ich hädd an gfroorna Fluß doo
Auf dem wurri dervooflitzn kennerd

Weecher mir kummd mei Freind nie mehr zurigg

Sie is immer aa die Fraa hald fier mich

Die bringdi um middam Lächln
Die gibbder an Hieb mid ihr Aung
Die kannmer alles soong mid ihrm falschn Geduu
Die läßdmer bloß des iebri, wossi will, daß ich griech
Sie spield wie a Kind
Obber sie is immer aa die Fraa hald fier mich

Mid dera hasd is schennsde Leem
Und na stehdsi auf und läßdi hoggn
Die schwitzdi on und schreggdi oo
Die läßdi schmoorn und na duddsi boggn
Die nimmdmi, wirri bin, wenni vorera buggl und griech
Sie gwäldmi wie a Viech
Obber sie is immer aa die Fraa hald fier mich

Ja, sie gibbd achd aufsi selber
Die gibbd nooch, wennsi mooch
Die is der Zeid längsd voraus
Oh, die läßd nix aufsi kumma
Die nimmd mid, wossi grichd
Dera gehd nix neem naus
Die versprichder is Allerschennsd
Und na gibbdsder an Drigger
Zuerschd gibbdsersi dir ganz
Und na reißdsi aan in Stigger
Sie holld alles aus mir raus
Und na läßdsmi im Stiech
Obber ich halds ohna sie nämmer aus
Wall sie is immer aa die Fraa hald fier mich

Ja, die gibbd achd aufsi selber
Die gibbd nooch, wennsi mooch
Die is der Zeid längsd voraus

Ja, die läßd nix aufsi kumma
Die nimmd mid, wossi grichd
Dera gehd nix neem naus
Die kann lieb sei wie nix
Und werd blötzli ganz falsch
Wall sie dudd, wossi will
Wenns ihrn Rabbl grichd, gnallds!
Die steggd an jeedn in die Daschn
Dera mächd kanner wos vor
Geecher dera bisd du bloß a Flaschn
Wall die waaß die ganz Woor
Und sie is immer aa die Fraa hald fier mich

Bisdmer nu bees

Bisdmer nu bees, walli ausgrasd bin, wallerdi nausgschmaßd hobb?
Bisdmer nu bees, walli alles verschwieng und alles nausblauderd hobb?
Bisdmer nu bees, dasserder net draud hobb, net aufdi baud hobb?
Bisdmer nu bees, dasserdi verboong hobb, dasserdi bedroong hobb?

Bestimmd bisd nu bees
Bestimmd bisd bees desweeng

Bisdmer nu bees, wallermi mid a Haufn annera rumdriem hobb?
Bisdmer nu bees, wallerder jeeds Bisserla vorgschriem hobb?
Bisdmer nu bees, dasserdi falln hobb lassn?
Bisdmer nu bees, walli die Dier zugnalln hobb lassn?

Gwieß bisd nu bees
Gwieß bisd nu bees desweeng

Bisdmer nu bees, dasserder dein Grembl vor die Fieß gschmissn hobb?
Bisdmer nu bees, dasserder dei Masgn vom Gsichd grissn hobb?
Bisd nu bees weecher meim Rabbl und die Scherm an der Wänd?
Ieber den Schlooch ins kald Wasser, ieber des Messer in meina Händ?

Fraali bisd bees
Fraali bisd bees desweeng
No fraali

Mancha Leid sinn net menschli

Mancha Leid sinn net menschli
Mancha Leid machns aam schwer
Maggsd bei denna des Herz auf
Na kummder a Zeich in die Gweer
A boor aufdauda Bizza
Wu scho Schimmlhoor greeng
Zerschloongna Bierfläschle
Sowos meecherd wergli kanns sehng

Mancha Leid sinn net menschli
Obber die laafn rum so wie mir
Die schnaufn und die schwitzn
Obber die denndi nix wie draggdiern
Die draggdierndi nu, wennsd im Bedd liggsd
Die draggdierndi ärcher wie Maleer
Mancha Leid sinn net menschli
Mancha Leid machns aam scho schwer

Na hoggsdi nei in die Kerng
Dusdi in a stills Eggla verziehng
Obber die Leid sinn net menschli
Die hoggnsi noo neeber dich
Na ziehngs her ieber dei Familie
Und ieber deina ganzn Woor
Die hamm vo nix a Ohnung
Obber an nix lassns a guuds Hoor

Neidisch sei und dumm und stolz
Des wäggsd aufm selbm Holz
Neidisch sei und dumm und stolz
Des wäggsd auf am grumma Holz

Is dir schommoll aufgfalln
Wenns guud läffd mid deina ganzn Woor
Na kummd widder so a Daumviech
Und scheißder genau auf dei Hoor

Odder du freisdi ieber dei Stiggla Freiheid
Und die ganz Weld gibbd amoll a Ruh
Na kummd so a Cowboy mid seina Freiheid
Und fängd widder an Griech oo ergndwu

Mancha Leid sinn net menschli
Mancha Leid machns aam schwer
Die liengerder dreggi ins Gsichd nei
Und redn nu saufreindli doher

Maggsd bei denna des Herz auf
Na kummder a Glumb in die Gweer
Mancha Leid sinn net menschli
Mancha Leid machns aam wergli schwer

An am ganz annern Ord

Worum mußdn du mich immer griddisiern?
Fier alles, wossi mach, griechi bloß Schimpfer und
Spodd
Worum heersdn net auf mich zu schigganiern?
Sunsd baggi fei mei siem Sachn und na gehi fodd

Waßders nu, wiesd zummer gsachd hasd: Liebling
Wenns nu so wär, soocherd ich aa nu Liebling zu dir
Vielleichd machder des Spaß, obber ich finds net lusdi
Ich mooch dich so, und du bisd so garschdi zu mir

A Glaun drächd sei Schminke auf seim Gsichd
Drum dudder schee lächln, aa wenner drauri is
Du maggsdmi zur Schneggn und ich geh net fodd
Obber innaheeri binni an am ganz annern Ord

Mei Körber, der is doo und heerd dei Rumgestier
Obber geisdich binni in der Gneibn und drink a
Seidla Bier
Du maansd, ich horch etz auf dei eewicha Leier
Obber ich blauder an der Deegn dord mid meim
leichdn Seier

A Glaun drächd sei Schminke auf seim Gsichd
Drum dudder schee lächln, aa wenner drauri is
Du maggsdmi zur Schneggn und ich geh net fodd
Obber innaheeri binni an am ganz annern Ord

Ich hogg auf am Stull dord, so a weng neeber mir
Ich spiel Schoofkopf und drink a frisch zapfds Bier
Wenn dei Breedichd na rum is, gehi widder nei
zudder Dier
Daßd glabbsd, ich bin der Kerl, der wu wos wissn
will vo dir

A Glaun drächd sei Schminke auf seim Gsichd
Drum dudder schee lächln, aa wenner drauri is
Du maggsdmi zur Schneggn und ich geh net fodd
Obber innaheeri binni an am ganz annern Ord

Ich bin ganz wu annerschd, an am ganz annern Ord
In meim Kopf doo ziechi mid a boor grupfda Engl
fodd

Zwischer die Zaaln

Mir sinn alla aweng komisch, mir sinn alla aweng schwach
Mir sinn alla so zerbrechli, wenns nix mehr gibbd fier uns zum Soong
Wemmer kann hamm zum drieber Redn, und unner Dräna hamm ka Grafd
Wersd du oofanga wos zu ändern, odder so weidermachn und bloß gloong?
Also ich waaß net

Du waßd genau, ich däder helfn, ich macherdi gern gsund
Obber ohna Beistand vo ganz oom finna dei Fieß aa nie an Grund
Drum du net so, wie wennsd gliggli wärsd, odder wunner wie belibbd
Alla kenna dei Brobleeme, und wos dir an Drigger gibbd

Worum gehsdn in die Gnie vor jeda Glannichkeid?
Worum gibbsdn nooch bei jeedm Schiggsoolsschlooch?
Ich wollerd, ich kennerd soong, daßder guud gehd
Bloß des wär net die Wohrheid

Kumm, soochmer net, daß alles baßd, und gibbmer ka falscha Sätz
Ich waaß, daßd ganz undn woorsd, ich moochdi aa in deim Schmerz
Obber ich will net, daßd so weiderlebbsd, daßd bloß gloogsd und greinsd
Ich will net, daßdi ganz verstriggsd und net des bisd, wosd scheinsd

Dusd du beedn zu am Godd? Hasd du an Godd, an
den wusd glabbsd?
Gibbds ergnd a hechers Weesn, vor dem wu du a
Ehrfurchd hasd?
Dusdi du ganz broov geduldn? Wardsd du aufna
ganz vergeems?
Odder denksd du, so a frommer Kaschber kann dir
dein Schmerz wechbeedn?

Worum gehsdn in die Gnie vor jeda Glannichkeid?
Worum gibbsdn nooch bei jeedm
Schiggsoolsschlooch?
Worum zuggsdn bei an jeedn Gedankn an a
Himmlreich?
Ich siechdi lachn und ich spier dei Unsicherheid
Ich wollerd, ich kennerd soong, daßder guud gehd
Bloß des wär net die Wohrheid

Sooch, worum dräggsdn die ganz Weld auf deina
Schuldern
Obwollsd waßd, des is net dei Schuld?
Es gibbd Heilicha und Schlechda ieberoll
Kumm, heer auf zu lächln, ich verstehdi scho
zwischer die Zaaln
Ich versteh scho dei schlechds Gwissn
Ich kenn dein Glaum und dei Ehrfurchd
Ich kenn dei Leid und dei Bidderkeid
Und wie arch daßd dei Kinner libbsd
Ich siech dei zerbrochns Herz und die ganzn diefn
Narm
Ich siech den Schmerz von am Buum, wall sei
Vadder zu ball fodd is
Wall sei Mudder ausna wos machn wolld, wossi
selber gern worn wär

Worum gehsdn in die Gnie vor jeda Glannichkeid?
Worum gibbsdn nooch bei jeedm Schiggsoolsschlooch?
Worum zuggsdn bei an jeedn Gedankn an a Himmlreich?
Ich siechdi lachn und ich spier dei Unsicherheid
Ich däder ja gern helfn, ich macherdi gern gsund
Obber ohna Beistand vo ganz oom finna dei Fieß aa nie an Grund
Ich wollerd, ich kennerd soong, daßder guud gehd
Bloß des wär net die Wohrheid

Goor nix kummd noo an dich

Es is siem Stund her und fuchzer Dooch
Daß du fodd bisd aus meim Leem
Ich ziech die ganz Nachd rum und schloof am
Dooch
Wall du fodd bisd aus meim Leem
Seid du fodd bisd, kanni machn, wossi mooch
Ich kann jeedn dreffn, wurri mooch
Ich kann wechgeh und in die deiersdn Lädn
Obber goor nix, wennersder sooch
Goor nix nimmdmer den Schmerz vo dem Schlooch
Doo kanni machn, wossi mooch –

Wall goor nix kummd noo
Goor nix kummd noo an dich

Es is einsam etz doo so ohna dich
Wie a Vogl, der wu net singd
Ich spier die Dräna brenna in meim Gsichd
Soochmer hald, wos falsch gloffn is
Ich kennerd jeedn umarma, den wurri siech
Obber mei Herz, des däds weider friern
Ich woor scho beim Doggder, und waßd, wosser
gsachd hadd
Waßd, wosser gsachd hadd?
Maadla, duddi hald a weng amüsiern
Die Sunna lachd doch so goldi!
A so a Doldi!

Wall goor nix kummd noo
Goor nix kummd noo an dich

Die ganzn Blumma, die wus pflanzd hadd, mei
Mudder
Hindn im Gardn

Die woorn hie, wiesd foddganga bisd
Ich waaß, unner Zammsei woor schwieri und
zimmli hard
Obber bei dir willi sei, ganz egool wusd bisd –

Goor nix kummd noo
Goor nix kummd noo an dich

Goor nix kummd noo
Goor nix kummd noo an dich

A Schlooch ins kald Wasser

Herzlichn Glüggwunsch, Liebling
A Johr is etz, dassi nämmer beider bin
Und obwolli froh woor, wiesd fodd bisd
Gehsdmer etz goor nämmer ausm Sinn
Ich vermißdi, wenns draußn dunkl werd
Wenni allaans in meim Bedd drinna liech
Ich vermißdi, wenns widder hell werd
Bevor ich die Weld widder siech

Verkaffd hobbi unner ganz Graffl
Wos kanner gwelld hadd, des hobbi verschengd
Na binni noozoong auf Münchn
Vielleichd gfälldsmer doo, kann sei, daß wos brengd
Ich woor a Zeidlang in Berlin droom
Hobb vo Döner glebbd und vo meinera Kunsd
Hobb Lieder ieber Griesn und Gnaatsch gschriem
Ach Liebling, lauder Lieder ieber uns

A Johr, des kannsd vergessn
Wennsd aans libbsd und na verliersd
A Johr is a Schlooch ins kald Wasser
Wennsd aans libbsd und nacherd verliersd

Ich bin seid letzds Johr vill auf Achse
Kann sei, dassi morng widder wuannerschd
hiefliech
Ich sing mei Lieder ieberoll in der Weld
Obber nercherds finni a Derhamm ohna dich
Ich muß weider, wies Wasser in Berch noo
Ich muß weider, wall ich will hald ieberleem
Aansdaals willi den Wind in meim Gsichd spiern
Aansdaals binni scho goor nämmer am Leem

A Johr, des kannsd vergessn
Wennsd aans libbsd und na verliersd
A Johr is a Schlooch ins kald Wasser
Wennsd aans libbsd und nacherd verliersd

Also herzlichn Glüggwunsch, Liebling
Ich hoff, dei Schiggsool, des maands guud mid dir
Ganz egool wusd etz bisd, ich will, daß du waßd
Du blabbsd eewich der Schatz drin in mir
Ganz egool, wurri bin, des Gfiehl is in mir
Des kerdmer, wie zu der Kerzn der Dochd
Und es kummd aa der Dooch, doo gibbdsmer die Grafd
Dassi widder rausfinn aus dem greislin Loch

A Johr, des kannsd vergessn
Wennsd aans libbsd und na verliersd
A Johr is a Schlooch ins kald Wasser
Wennsd aans libbsd und nacherd verliersd

Ich bin so einsam, dassi grein

Heersd den draurin Weidenvogel
Der glingd so glägli und gemein
Der Giederzuuch, der fährd weid fodd
Ich bin so einsam, dassi grein

Ich halds net aus, die Nachd is so lang
Die Zeid, die griechd und die streind
Der Mond versteggdsi hinder die Wolgn
Daßmer net sichd, wirrer greind

Hasd schommoll an Vogel greina sehng
Wenn die Bleedle im Wind rumdreim?
Er hadd kann Willn zum Leem na mehr
Ich bin so einsam, dassi grein

So leis denn heid die Sternschnubbn flieng
Und Dräna schwimma im Wein
Ich froochmi, wu du sei wersd heid Nachd
Ich bin so einsam, dassi grein

Allmächd, ich bin so einsam, dassi grein
Ach, ich bin so einsam, dassi grein

Hinder der Wänd

Letzda Nachd hobbis widder schreia heern
Lauda Bläger hinder der Wänd
Widder a Nachd ohna Schloof fier mich
Des bringd nix, dassi ooruf gschwind
Die Bollizei
Kummd bloß zu späd
Wenns ieberhabbds nu aufdaung denn

Und wennsi doo sinn, soongs
Dassersi net eimischn kenna
In die briwoodn Gschichdn
Vonnam Moo und seina Fraa
Und wissi nausgenna zudder Dier
Sichdmer Dräna in die Aung vodder Fraa

Letzda Nachd hobbis widder schreia heern
Na woors ruhich, ach Godd, so greisli still
Allmächd, hoffndli draami des etz bloß
Dassi des Blaulichd auf der Straß drundn siech

Und der Bollizisd sächd
»Mir sinn doo fier Ordnung und Ruh
Bidde genners hamm
A weng a Schloof, der dudd uns alla etz guud«

Letzda Nachd hobbis widder schreia heern
Lauda Bläger hinder der Wänd
Widder a Nachd ohna Schloof fier mich
Des bringd nix, dassi ooruf gschwind
Die Bollizei
Kummd bloß zu späd
Wenns ieberhabbds nu aufdaung denn

Rumzuuchmudder

Nookaud haddsis in ihr hoochhaggserdn Schuh
Streggsderlängs haddsis noogfeierd mid am Gnall
Britscherbraad woorsi dordgleeng am Boodn
Na is des Kind kumma, bludi und vill zu ball
Sie hadd nix oofanga kenna mid dem Maadla
Des wär net guud ganga ieber korz odder lang

Sie haddsi die Fingernägl bludi bissn
Sie hadd ihr ganza Kindheid verschluggd
Sie hadd ihr gfärbdn Hoorsträhna gfressn
Sie hadd mehr graachd wie gessn und drunkn
Sie woor die Soldoodnschloora, die Amischnalln
Die woor all Wochn mid an annern Zupfer in der
Falln

Reed net so bidder ieber dei Rumzuuchmudder
Hasd keerd, wossi sooch, mei glanns Maadla?
Sei net so hard zu deina Rumzuuchmudder
Sie kaffder glänzerda Schuh und a scheens Glaadla

Sie woor nie doo, wennsd an Menschn brauchd häsd
Du siggsdera so ähnli, du bisdera ausm Gsichd
gschniedn
Bloß hald die Haudfarb, die is fraali ganz annersch
Doo braugsdi net scheema, doo kann kanns wos
derfier
Sie hadd dich net hoom wolln, und du hasdsi
niemools kabbd
Sie woor an deim Groob, und hadd mid deim
Schutzengl gstriedn

Reed net so bidder ieber dei Rumzuuchmudder
Hasd keerd, wossi sooch, mei glanner Engl?
Sei net so hard zu deina Rumzuuchmudder
Sie kaffder an scheena Staa mid am schwarzn Engl

Die Franzi und ihr Albert

Die Franzi woor a guuda Haud
Des hadd jeder gsachd
Die bläddерd die Hunnerder ner so hie
Wissi fiern Albert scheena Onziech kaffd.
Er woor ihr Moo, obber er woor nix weerd.

Der Albert sachd: »Ich muß auf Mondaasch.
Mir wern braung bis iebermorng.
Machder a boor scheena Dooch
Und machder fei bloß ka Sorng.«
Er woor ihr Moo, obber der woor die net weerd.

Die Franzi kummd na ins Werdshaus nei
Und bestelldsi a Seidla Bier.
Nacherd froochdsi den Schenkwerd dord:
»Woor der Albert vielleichd doo bei dir?«
Er woor ihr Moo, obber er woor geern fodd.

»Horch, ich derzällder ka Gschmarri
Und ich liechdi aa net greisli oo!
Der Albert woor doo vor aana Stund
Und die schee Lissy woor an seim Arm droo!
Er is dei Moo, obber der häld net Word!«

Die Franzi hadd gwißd, wussi hiegeh muß
Und dord issi nacherd aa noo.
Dord haddsi na zur Dier neigschaud
Und sichd die Lissy leeng dord bei ihrm Moo.
Er is ihr Moo, obber dem lichd nix droo.

Die Franzi sachd, die Lissy sollsi schleing:
»Verziechdi nei in dein Loodn!«
Die Franzi schießd na die Bisdooln leer

Und der Albert verbludd dord am Boodn.
Er woor ihr Moo, obber sie woor hald gloodn.

Die Franzi haddsi dord na noogegnied
Und haddn sein Kopf nu lang kaldn.
Sie haddn nu gstreichld und haddn küßd
Und duddn die Händ nu faldn.
Er woor ihr Moo, und des duddera arch weh.

Die Franzi woor a guuda Haud
Ka Opfer woorera zu arch
Die blädderd die Hunnerder ner so hie
Fier den Onzuuch fier sein Sarch.
Er woor ihr Moo, ja und so kanns geh

Zwaa Soldoodn

Er woor a großer, gräfdiä Bauernborsch
Sei Stimm ohna Falsch und ohna Freid:
»Wenn ich nämmer hammkumm ausm Osdn
Na sooch mei Leid Bescheid.
Wenn mich des Schiggsool obber iebri läßd
Na machi des gleiche bei dei Leid.
Mei Mudder zermarderdsi sunsd des Herz
Vor lauder Draurichkeid.«

»Sie ward derhamm voller Geduld und Glaum
Ihr Gsichd is bleich vor Schmerz.
Ständi denkdsi an ihrn aanzin Buum
Ihr Händ fleha himmlwärds.
Und geh und soogs aa meim scheena Schatz
Dassi beimer woor bis zum Schluß.
Soochera, ich häddsi keierd und gliggli gmachd
Und gibbera vommer an letzdn Kuß.«

Die Ongriff sinn kumma, die Granoodn sinn gfloong
Die Russn hamm kämpfd um ihr Land.
Vor denna ihr Banzer woor der Bauernborsch gleeng
Bisser bludd hadd und woor zu nix mehr im Stand.
Doo hadder nummoll droodenkd an Haus und an Hof
Hadd sei Mudder und sei Maadla gsehng.
Na woor all Wärm aus seim gräfdin Leib fodd
Und aus sei Aung jeeds Leem.

Sei Kumbl, der hadd sei Versprechn na kaldn
Und hadd sei Leid na aufgsuuchd.
Der hadd seina Mudder vo seim End dord derzälld
Und hadd den Griech verfluuchd.
Sei Kumbl, der hadd sein Schatz na keierd
Und sein Nooma drächd etz ihr Buu.
Der redd aa wie er, und sichdna aa gleich
Und drächd etz aa scho sei Schuh.

Wenni sterb

Wenni sterb, na dusdmi begroom
In meim Dorf, in meim Derhamm
Fasd mei ganz Leem binni rumgezoong
Wenni sterb, na kummi widder hamm

Scho als glanner Buu, doo hobbi gwißd
Ich ziech amoll durch die Weld
Ich hobb immer auf die Berch nauf gmißd
Und hobb wos Neis gsuuchd in der Weld
Die Johr sinn ins Land, etz binni immer nu doo
Es gibbd nix, wurri net gweesn bin
Obber a Daal vo mir, der kerd hald dord noo
Wu mei glanna Fieß rumgfloffn sinn

Wenni sterb, na dusdmi begroom
In meim Dorf, in meim Derhamm
Fasd mei ganz Leem binni rumgezoong
Wenni sterb, na kummi widder hamm

In meim Leem hobbi zehrdausnd Reengboong
gsehng
Und wurri grood woor, des woor mei Derhamm
Doo hadds goor nix annersch geem
A Kerl wie ich, des kammer scho soong
Der is so a Oord verlorner Sohn
Ich hobb scho aa so Gschichdn gmachd
Und finn mei End, wu alles oogfangd hadd

Wenni sterb, na dusdmi begroom
In meim Dorf, in meim Derhamm
Fasd mei ganz Leem binni rumgezoong
Wenni sterb, na kummi widder hamm

Dräna im Himml

Maansd, du däsdmi kenna
Wennerdi widder dreffn däd im Himml?
Maansd, alles wär widder, wies amoll woor
Wennerdi dord drefferd im Himml?
Ich därfmi net hänga lassn
Ich muß alls weidermachn
Walli waaß, ich kerr dord net noo, dord im Himml.

Maansd, du nehmersdmi bei der Händ
Wennerdi dord dreffn däd im Himml?
Maansd, du stennersd an meina Seidn
Wennerdi dord drefferd im Himml?
Ich finn scho mein Weech
Durch mei Nächd und mei Dooch
Walli waaß, ich kerr dord net noo, dord im Himml.

Die Zeid kanndi ferdi machn
Die Zeid, die zwingdi in die Gnie
Die Zeid kannder des Herz brechn
Und du kannsder dei Seeln derfriern
Dassi staahard werd und kald wie Eis.

Hinder dera aan Dier
Doo is friedli und schee hell
Und ich waaß ganz gwieß
Es gibbd ka Dräna mehr
Dord im Himml.
Naa, dord gibbds ka Dräna mehr
Dord im Himml.

Die Nachd um die Ohrn

Ich hobb die Sunna undergeh sehng
Und in Mond mid seim Drumm Gsichd.
Ich hobbn am Himmel rieberziehng sehng
Und in aller Frieh na des erschde Lichd.

Durchgmachd die Nachd
Net drunkn, net glachd
Nix grauchd und nix gsachd
Die ganz Zeid bloß gwachd
Die ganz Zeid bloß dachd:
Ergndwie hadd des alles kann Sinn.
Ich waaß aa net, worummi so bin
Vielleichd is aa alles goor net so schlimm.
Doo machdmer scho wos durch
Wemmer die Nachd so durchmachd
Wie ich.

Mir woorn so jung und voller Feier
Etz stochermer in der Aschn drin rum.
All Dooch die eewich ald Leier
Jeder blabbd fier sich, und kanner scheerdsi drum.

Durchgmachd die Nachd
Net drunkn, net glachd
Nix grauchd und nix gsachd
Die ganz Zeid bloß gwachd
Die ganz Zeid bloß dachd:
Ergndwie hadd des alles kann Sinn.
Ich waaß aa net, worummi so bin
Vielleichd is aa alles goor net so schlimm.
Doo machdmer scho wos durch
Wemmer die Nachd so durchmachd
Wie ich.

Ich hobbs fei gmechd, die seddn Dooch

Etz simmer ruhicher
Etz laßmer uns mehra Zeid
Etz sinn unner Nächd nämmer so grell und so laud
Unner Dooch laafn uns dervoo in saudeira Glaader
Wies reikummd, des Geld, so kummds widder
under die Leid
Heid wissmer, alles hammer bloß fier a ganz
bestimmda Zeid

Mir zindn Kerzn oo, bloß hald zweggs der Stimmung
Mir hänga unner Hoffnunga wie fleggerda
Beddwäsch naus in Wind
Mir leeng ofd falsch, und all Johr leengmer um a
boor Pfund nu zu
Mir schloofn uns aus und reeng uns gscheid auf
In der Frieh ieber die Gloggn und a jeeds Kind

Maansd net, mir misserdn heid ganz annerschder
leem?
Maansd net, uns misserds heid als ganz annera
geem?

Etz wummer noobl essn genna, des Geld spield goor
ka Rolln
Doo versteggmer unner Herz hinder deira Sunnabrilln
Die Korkn gnalln und falln auf Seidnblusn und
Sufflee
Ach, mir kenna saumäßi weid geh
Bei Broseggo im Spitzn-Negglischee
Mir kenna wunner wie gscheid waafn
Ieber Neurosn und doskanische Grafn
Mir schwankn unner Zweifl nunder mid saudeira
Dropfn

Und beruhing unner Seeln mid Biecher und
Blumma-Umdopfn

Ich waaß aa net, worummi so wehmiedi bin
Mir sinn so subber guud drauf und steggn so dief
ieberoll drin
Etz werrerds Zeid, dassi an ganz annern Weech
eischlooch
Obber ich moogsi heid nu, die seddn Dooch

Drum bevormer aufheern und widder oofanga
denna
Stooßmer oo und drinkmer auf die Dooch, wu
vergenna
Nu a boor sedda runda, bunda Stundn
Nu a boor brächdia, glänzerda Nächd
Nu a boor Moll a sedda wunderboora Zeid
Wall na soongmer amoll: Allmächd!
Ich hobbs fei gmechd, die seddn Dooch
Ich hobbs fei gmechd, die seddn Dooch

Register der Originaltexte

I. Ka Weiber, ka Gschrei

16 | If I Were A Carpenter
Tim Hardin

17 | Blue Suede Shoes
Carl Perkins, berühmt geworden durch die Version von Elvis Presley

19 | Wild Thing
The Troggs, geschrieben von Chip Taylor, berühmt geworden durch die Version von Jimi Hendrix

20 | When I Was Young
The Animals

21 | Cecilia
Simon and Garfunkel, geschrieben von Paul Simon

22 | Mercedes Benz
geschrieben von Michael McClure, vertont von Janis Joplin

23 | Buona sera, Signorina, buona sera
bekannt geworden in der Fassung von Dean Martin, geschrieben von Carl Sigman und Peter De Rose

24 | Ring Of Fire
Johnny Cash, geschrieben von Merle Kilgore und June Carter

26 | Satisfaction
Rolling Stones, geschrieben von Mick Jagger und Keith Richards

28 | Heartbreak Hotel
Elvis Presley, geschrieben von Mae Boren Axton und Tommy Durden

30 | Hey Joe
Jimi Hendrix, geschrieben von Billy Roberts

31 | Mei Schwaaß und mei Schieß
Text von Helmut Haberkamm, Musik von Winni Wittkopp

32 | Before You Accuse Me
Eric Clapton, geschrieben von Eugene McDaniel

33 | The House Of The Rising Sun
Traditional, berühmt geworden in der Fassung der Animals

34 | The Great Pretender
The Platters, geschrieben von Buck Ram

35 | Hoochie Coochie Man
Eric Clapton, geschrieben von Willie Dixon

37 | Immer bloß des Akkordeon gspield
Text von Helmut Haberkamm, Musik von Stefan Nast-Kolb

39 | Ne me quitte pas
Jacques Brel

42 | Moon Over Bourbon Street
Sting

44 | Bridge Over Troubled Water
Simon and Garfunkel, geschrieben von Paul Simon

46 | Our House
Crosby, Stills and Nash, geschrieben von Graham Nash

47 | No Woman, No Cry
geschrieben von Vincent Ford, berühmt geworden in der Fassung von Bob Marley

II. Dem Bob Dylan sei Songs

50 | The Times They Are A-Changin'
Bob Dylan

52 | With God On Our Side
Bob Dylan

55 | A Hard Rain's A-Gonna Fall
Bob Dylan

58 | Only A Hobo
Bob Dylan

60 | It's All Over Now, Baby Blue
Bob Dylan

62 | She Belongs To Me
Bob Dylan

63 | Tomorrow Is A Long Time
Bob Dylan

64 | Love Minus Zero / No Limit
Bob Dylan, erstmals abgedruckt im Band *Wie di erschdn Menschn*

65 | Don't Think Twice It's Alright
Bob Dylan

67 | Just Like A Woman
Bob Dylan

69 | Buckets Of Rain
Bob Dylan, erstmals abgedruckt im Band *Wie di erschdn Menschn*

70 | Never Say Goodbye
Bob Dylan, erstmals abgedruckt im Band *Wie di erschdn Menschn*

71 | Wedding Song
Bob Dylan

73 | Like A Rolling Stone
Bob Dylan

76 | Mr. Tambourine Man
Bob Dylan

79 | I Shall Be Released
Bob Dylan

80 | Tangled Up In Blue
Bob Dylan, erstmals abgedruckt im Band *Leem aufm Babbier*

83 | Up To Me
Bob Dylan, erstmals abgedruckt im Band *Wie di erschdn Menschn*

86 | Dark Eyes
Bob Dylan

87 | Not Dark Yet
Bob Dylan

89 | Knockin' On Heaven's Door
Bob Dylan

90 | Death Is Not The End
Bob Dylan

III. Fodd ieberm großn Wasser

94 | Me And Bobby McGhee
Janis Joplin, geschrieben von Kris Kristofferson und Fred Foster

96 | Railway Hotel
Mike Batt

98 | You'd Have To Be Here
Kari Bremnes

100 | The Rose
Bette Midler, geschrieben von Amanda McBroom

101 | Time In A Bottle
Jim Croce

102 | If I Needed You
Townes Van Zandt

103 | Homeward Bound
Simon and Garfunkel, geschrieben von Paul Simon

105 | Those Three Days
Lucinda Williams

107 | There Is A Bed
Mary Coughlan, geschrieben von Marc Almond

109 | Cold Cold Heart
Hank Williams

110 | Six Page Letter
John Lee Hooker

112 | Crossing Muddy Waters
John Hiatt

114 | Gone
John Hiatt

116 | Give My Love To Rose
Johnny Cash

118 | Lily Of The West
Traditional

120 | Summertime In England
Van Morrison

IV. Scheena Gschichdn

126 | I'm A Boy
The Who, geschrieben von Pete Townshend

127 | Summertime Blues
Eddie Cochran, geschrieben von Eddie Cochran und Jerry Capehart

129 | No Surrender
Bruce Springsteen

131 | Used Cars
Bruce Springsteen

132 | Independence Day
Bruce Springsteen

134 | My Father's House
Bruce Springsteen

136 | Highway Patrolman
Bruce Springsteen

138 | You Can Look But Better Not Touch
Bruce Springsteen

140 | When I'm Sixty-Four
The Beatles, geschrieben von John Lennon und Paul McCartney

142 | Eleanor Rigby
The Beatles, geschrieben von John Lennon und Paul McCartney

144 | At Seventeen
Janis Ian

145 | Both Sides Now
Joni Mitchell

147 | Cat's In The Cradle
Harry Chapin

149 | Dead Flowers
Rolling Stones, geschrieben von Mick Jagger und Keith Richards

150 | A Walk On The Wild Side
Lou Reed

152 | Free Electric Band
Albert Hammond

154 | Been So Long Since I Been Around
The Waifs, geschrieben von Josh Cunningham

156 | Wasn't Born To Follow
Carole King, berühmt wurde die Version der Byrds aus dem Film *Easy Rider*

158 | The Ballad Of Lucy Jordan
Marianne Faithfull, geschrieben von Shel Silverstein

160 | Hurt
Johnny Cash, im Original ein Song der Nine Inch Nails, geschrieben von Trent Reznor

161 | Nothing Ever Happens
Del Amitri, geschrieben von Justin Currie

163 | The Ballad Of Ira Hayes
Peter LaFarge, von vielen Sängern interpretiert, u. a. von Bob Dylan und Townes Van Zandt

V. Songs, wummer wos soong

166 | The River
Bruce Springsteen, erstmals abgedruckt im Band *Wie di erschdn Menschn*

168 | Madame George
Van Morrison, erstmals abgedruckt im Band *Wie di erschdn Menschn*

170 | Frank's Wild Years
Tom Waits, erstmals abgedruckt im Band *Wie di erschdn Menschn*

172 | A Sight For Sore Eyes
Tom Waits, erstmals abgedruckt im Band *Wie di erschdn Menschn*

174 | Bungalow Song
Kevin Coyne, erstmals abgedruckt im Band *Wie di erschdn Menschn*

177 | It Stoned Me
Van Morrison, erstmals abgedruckt im Band *Wie di erschdn Menschn*

VI. Lauder so Lieder

180 | Big Joe and Phantom 309
Tom Waits, geschrieben von Tommy Faile

184 | Sitting On A Fence
Rolling Stones, geschrieben von Mick Jagger und Keith Richards

186 | Summer Of 69
Bryan Adams

188 | One Day In June
Heather Nova

190 | Wonderful Tonight
Eric Clapton

191 | River
Joni Mitchell

193 | She's Always A Woman
Billy Joel

195 | Are You Still Mad
Alanis Morissette

196 | Some Humans Ain't Human
John Prine

198 | The Other Side Of Town
John Prine

200 | Between Your Lines
Holly Williams

203 | Nothing Compares To You
Sinéad O'Connor, geschrieben von Prince

205 | Drop In A Bucket
Mary Gauthier

207 | I'm So Lonesome I Could Cry
Hank Williams

208 | Behind The Wall
Tracy Chapman

209 | Playboy Mummy
Tori Amos

210 | Frankie And Albert
Traditional

212 | Two Soldiers
Traditional

213 | When I Die
The Waifs

214 | Tears In Heaven
Eric Clapton

215 | Up All Night
The Waifs, geschrieben von Josh Cunningham

216 | I've Loved These Days
Billy Joel